SHODENSHA
SHINSHO

ヒトラーとケインズ

——いかに大恐慌を克服するか

武田知弘

JN276246

祥伝社新書

まえがき～ケインズとヒトラーの奇妙な共通性～


ケインズ……言わずと知れた、20世紀最大の経済学者である。

彼の経済思想は、第一次大戦後の世界、特に世界恐慌以降の各国の経済政策に重大な影響を与えた。

「不況期には、政府が財政出動をして有効需要を創出し、失業を減らす」

というケインズ理論は、今でも経済学説の重要な一角を占めている。

このアカデミックなイメージの強いケインズと、あのヒトラー、実はその思考には非常に多くの共通点がある。

ヒトラーというと、冷酷無比な独裁者で、第二次大戦を起こした狂信的な軍国主義者というイメージを持たれることが多い。

しかしヒトラー政権は、その前半期は、戦争はしていないし他国への侵攻もしていない。

ヒトラーは当初、世界恐慌で大混乱したドイツ社会を立て直すことに全力を傾けていたのだ。

そして、ドイツ経済を再建する手法として、ヒトラーはケインズ理論をそのまま実行するような政策を行なったのである。

このヒトラーの経済政策の詳しい経緯については、拙書『ヒトラーの経済政策』（祥伝社新書）で述べているので、ここでは簡単に紹介するにとどめたい。

ヒトラーが政権を取った1933年というのは、ドイツは世界恐慌の影響をもろに受け、600万人以上が失業する（失業率34％）という、経済破綻《はたん》状態に陥《おちい》っていた。

ヒトラーにとって最重要課題は、失業問題だった。政権発足から3日後、ヒトラーは経済4カ年計画を発表する。この計画の最大のテーマは、公共事業を増やし失業問題を解消するということだった。

ヒトラーは政権を取って3カ月後、1933年5月1日国民労働祭で、「アウトバーン計画」を発表した。

アウトバーン計画とは、ドイツ全土を網羅《もうら》する全長1万7千キロの高速道路「アウトバーン」を、これから6カ年で建設するというものである。その年の9月23日、ヒトラー自らが起工式を行なった。

このアウトバーンをはじめ、住宅建設、都市再開発などの積極的な公共投資を行ない、ドイツの失業率は一気に低下した。ヒトラーは政権について、わずか2～3年でドイツ社会をみるみる復興させてしまったのだ。

ヒトラーは、赤字が累積し逼迫《ひっぱく》した財政の中で、さらに多額の国債を発行し、これらの巨額の公共投資政策を行なった。

この公共投資政策こそ、ケインズ理論の要《かなめ》である「国による有効需要の創造」そのものだったのだ。

ヒトラーというと、軍備を拡張することで失業を減らしたと思われることが多いが、それは正確ではない。

ナチス政権の前半期に、国民のために支出（軍事費以外の支出）した費用は、ナチス政権前よりも著しく大きい。またGNP（国民総生産）に占める軍事費の割合も、1942年まではイギリスよりも低かったのである。

ヒトラーは軍拡によって失業を減らしたのではなく、ケインズ理論そのままの公共投資を行なうことで、失業を減らしたのである。

ケインズの有効需要理論というと、そのモデルケースとしてはアメリカのニュー・ディール政策が挙げられることが多く、ヒトラーの政策についてはほとんど語られることがない。

ナチスのユダヤ人迫害政策などの蛮行により、第二次大戦後の世界ではナチスの存在は全否定に近い扱いを受けてきたので、ナチスの経済政策的成功も黙殺されてきたのである。

しかし、ニュー・ディール政策よりもヒトラーの政策のほうが、はるかに早く失業問題を克服している。ケインズ理論のモデルケースとしては、ニュー・ディールよりヒトラーのほうが、適役だといえるのだ。

また、ケインズという世界でもっとも著名な経済学者は、実はナチスと深い因縁があるのだ。ケインズは、ベルサイユ条約でイギリス代表として、ドイツの賠償問題に立ち会った。彼は第一次大戦後、世界で孤立していたドイツを擁護しつづけ、ナチス政権についても、けっして悪《あ》しざまに攻撃することはなかった。むしろ、「大英帝国はナチスを見習うべき」という発言までしているのである。

なぜケインズが、ナチスにシンパシーを持っていたのか？

ナチスとケインズとは、どういうかかわりがあったのか？

本書でそれを追究していきたいと考えている。

二〇一〇年五月

武田知弘

ヒトラーとケインズ～いかに大恐慌を克服するか～――目次

第2章　ヒトラーとケインズは資本主義の限界を見抜いていた

第4章　新しい国際経済システムを

●スタッフ
編集・本文DTP／株式会社菊池企画
企画プロデュース／菊池 真
〈shin@kikuchikikaku.co.jp〉

序章

ヒトラーとケインズ

ケインズは系統的に経済学を学んでいなかった

ケインズは、知名度の割に、その人となりはあまり知られていないなので、本テーマに入る前に、ケインズの略歴を簡単に紹介したい。

ジョン・メイナード・ケインズは、1883年6月5日、イギリスの学術都市ケンブリッジの近郊で生まれた。父のジョン・ネヴィル・ケインズは、ケンブリッジ大学の経済学と論理学の講師をしていた。

ケインズは、イートン校からケンブリッジ大学という、イギリス特権階級の典型的なエリートコースを進んだ。

ケンブリッジでは数学を専攻している。

実はケインズは、大学において経済学を専攻したことはない。経済学者のマーシャルの講義に出席していたが、専攻していたのは数学だったのだ。しかも、マーシャルの講義は経済学を体系的に教授するものではなかったと言われている。これが後に、ケインズが経済学の古典にこだわらない、新しい経済学説を打ち立てる要素になったのかもしれない。

ケインズは、ケンブリッジ大学卒業後の1906年、公務員試験を受けてインド省に入省した。この試験では、インド省と大蔵省の2つのポストがあったが、彼の成績では大蔵省には入れず、インド省になったのである。父の友人であったマーシャルは、ケインズをケンブリッジ大学の経済学の講師として残そうとするが、ケインズは経済学を専攻していたわけではないので、当時は無理だったのだ。

ケインズは1906年から2年間インド省に勤務する。そして、その間、経済学の研究に努め、1908年にケンブリッジ大学の奨学生試験の論文を提出した。この論文は通らなかったが、マーシャルが手を差し伸べ、1909年からケンブリッジ大学の経済学の講師となることができた。

ジョン・メイナード・ケインズ（時事）

学者としては遠回りした感はあるが、インド省勤務もけっして無駄にはならなかった。インド省時代の経験から、ケインズは初めての著作『インドの通貨と金融』を1913年に出版しているからだ。

そして、この本が認められ、政府のインド通貨問題を調査する委員会の一員となり、やがて大蔵省に入省することとなった。

ケインズは実務能力も非常に高く、1918年には、大蔵次官に次いで大蔵省ナンバー3の地位に上り詰めていた。官僚人生としても、十分すぎるほどの出世といっていい。ケインズは学術的な能力もさることながら、官僚としての実務にも長《た》けていたのである。

ドイツ擁護論で一世を風靡する

第一次大戦後には、大蔵省の一員として、ドイツの賠償問題にも携わった。

このとき、「ドイツから絞り取れる限り絞り取れ」という国内世論を顧《かえり》みず、ケインズは「無茶な賠償金は課すべきではない」と主張した。

そのことを著した本『平和の経済的帰結』を1919年に出版し、これが大きな反響を呼んだ。それ以来ケインズはイギリスでもっとも影響力のある経済学者となった。

しかしケインズの主張は、イギリス政府には取り入れられなかった。そのことをきっかけにして、ケインズは大蔵省をやめてしまう。

ケインズはその後、ケンブリッジ大学の講師をしながら、自由党系の機関誌『ネーション』などで、活発な言論活動を展開していく。

1923年には、『貨幣改革論』を著し、1924年には『ネーション』誌上において、

「失業を減少させるためには、大規模な公共事業を行なうべき」というケインズ理論の中核ともいえる思想を発表している。

その後、1930年には『貨幣論』を、そして1936年にはケインズの経済思想の集大成ともいえる『雇用・利子および貨幣の一般理論』を発表した。

ケンブリッジ大学の講師は、けっして収入がいいものではないので、彼は為替相場や先物取引などで、収入の不足分を補《おぎな》っていた。また1921年から1938年まで、大学時代の友人とともに投資会社を作り、投資活動も行なっていた（ケインズの投資業務は、大損をしたこともあるが、通算の収益は大幅な黒字だったという）。

1944年、第二次大戦に終わりが見えてきたとき、ケインズはイギリス大蔵省の代表として、ブレトン・ウッズ会議に出席した。ブレトン・ウッズ会議は、戦後の国際経済の枠組みを決める国際会議である。

ケインズはいったん、大蔵省をやめていたが、その後、さらに名声が高まり、イギリス政府は顧問格としてケインズを招聘《しょうへい》したのである。

ここでケインズは金本位制に代わる新しい通貨制度を提案した。が、発言力のあるアメリカに反対され、実現できなかった。

ケインズは、この会議でIMF（国際通貨基金）の設立など、その後の世界経済の重要な枠組みを作り、IMFの初代総裁となった。そして、ブレトン・ウッズ会議が終了するのを見計らったように1946年、病没した。

ケインズより6歳下のヒトラー

本書のもう1人の主人公であるヒトラー、彼の履歴はあちこちでさんざん語られているので、ご存じの方も多いとは思うが、一応、簡単に紹介しておきたい。

アドルフ・ヒトラーは、1889年オーストリアで、税関吏の子として生まれる。ケインズより6歳下であり、ほぼ同世代といえる。ケインズもヒトラーも、多感な青年時代に第一次大戦とその後の混乱を迎えたということである。

ヒトラーは少年時代はけっして優秀ではなく、落第を2回もした劣等生である。16歳のとき、父親の死をきっかけに、実業学校を退学し画家になるためにウィーンに出る。美術大学を2回受験するが2回とも失敗する。

ウィーンでは不遇の時代をすごし、浮浪者に近い状態のときもあったという。1914年に勃発した第一次大戦では、オーストリア国籍のままドイツ帝国の志願兵になる。

優秀な伝令兵だったヒトラーは1918年には、一級鉄十字勲章を授与される。志願兵がこれをもらうことは稀《まれ》だった。

毒ガスによって負傷したヒトラーは、野戦病院で終戦を迎える（ヒトラーのこの負傷のために、第二次大戦でドイツ軍は、サリンなど強力な毒ガス兵器を持っていたにもかかわらず、戦闘で使うことはなかったといわれている）。

ドイツの敗戦後、ヒトラーは軍の情報員として、激増した政党や反動分子の調査をする仕事に就く。

アドルフ・ヒトラー（毎日新聞社）

このころのドイツは、自由で民主的なワイマール共和制の下、雨後の筍《たけのこ》のように新しい政党が誕生していた。また過激な右翼や共産主義者が、治安を乱すことも多かったのだ。そこで軍から情報員《スパイ》を派遣して、彼らの内情を探らせていた。

稀代の政治家ヒトラー

ヒトラーは仕事として「ドイツ労働者党」の集会に参加するうちに、この党に入党した。ミイラ取りがミイラになったのだ。この「ドイツ労働者党」がナチスの元となる組織である。この当時「ドイツ労働者党」は50人程度の小党だった。ヒトラーは、その弁舌で次第に党の中心的人物になっていき、1920年には軍をやめて党務に専念し、その翌年には党首となる。

1923年、ナチスはミュンヘンで政権の奪取をもくろみ、クーデターを起こした。これがミュンヘン一揆と呼ばれるものである。が、警察や軍などの協力が得られず、失敗に終わる。ヒトラーは逮捕され、ナチスは非合法とされる。

ヒトラーは禁錮5年の判決を受け、ランツベルク刑務所に収容され、この期間に口述筆記で『わが闘争』を執筆する。この『わが闘争』が大ベストセラーとなり、ヒトラーを一躍国民的な政治家にさせた。

1924年に釈放され、ナチスも恩赦を受けて合法となる。

ナチスは、その後、大躍進をとげ国会で第1党になり、ヒンデンブルク大統領は1933年1月30日ヒトラーを首相に任命する。そしてヒトラーはその2ヵ月後「全権委任法」を制定し、国家の全権を掌握するのだ。

ヒトラーは、就任して3年足らずで600万人の失業者をほとんどゼロにし、1938年にはオーストリアを無血併合するなど巧みな政治手腕を見せ、一時はドイツ国民の圧倒的な支持を得た。

ドイツの領土拡張に対して、英仏は当初静観していたが、1939年にポーランドへ侵攻した時点でドイツに宣戦を布告した。ここで第二次大戦が勃発した。

開戦して2年ほどは、ドイツは快進撃を続けた。

1940年には、フランス、オランダ、ベルギー、ルクセンブルクなどを降伏させ、1941年にはソ連に侵攻し、スターリングラードを陥落寸前まで追い詰めた。

しかしスターリングラードを陥落できずに越冬すると、その後、形勢は逆転。アメリカの参戦もあり、ドイツ軍は各地で撤退を続け、1945年には連合国軍は、首都ベルリンに迫る。

ソ連軍の攻撃を受ける中、ヒトラーは4月30日に自殺（遺体の確認はされていない）、ドイツは5月7日に連合国に対して降伏した。

ヒトラーは、ユダヤ人迫害や他国への侵攻などで「悪の権化」として語られることが多い。

しかしヒトラーに関する書物の数は、歴史上の人物では第1位だという。善悪の評価は別として、人類の関心を惹《ひ》いてやまない稀代の政治家であったことは間違いない。

第1章

世界大恐慌の本当の原因はドイツにあった

世界恐慌はドイツから始まった

1929年、経済史を書きかえるような大事件が起きた。

「世界大恐慌」である。

世界大恐慌は、各国の貿易の縮小、ブロック経済化を招き、第二次大戦の大きな要因ともなった。

この世界大恐慌は、1929年秋のアメリカ株式市場の暴落に端を発している、ということになっている。

しかし、あまり知られていないが、実はその前兆ともいえるできごとが、1929年の夏にドイツで起こっているのである。

1929年の2月から夏にかけて、ドイツと英米仏の間で、ある交渉が行なわれていた。ドイツが支払うことになっていた第一次大戦の賠償金の金額、支払い方法についての交渉である。

この交渉では、ドイツ経済が崩壊するかもしれないような「ある事項」が決定された。「ある事項」が施行されれば、ドイツが窮地に陥《おちい》ることは明白だった。

つまりアメリカの株式市場が暴落する前に、ドイツは国家単位で経済破綻《はたん》の危機を迎えていたのである。

だから、世界大恐慌は実はドイツ発だったともいえるのだ。

しかし、世界大恐慌が語られるとき、このことは、あまり言及されることはない。世界の経済学者たちは、なぜかこのことに気づかなかったのだ。

大恐慌勃発時のニューヨーク証券取引所（ＡＦＰ／時事）

ドイツ経済の破綻とアメリカの株式市場の暴落は、直接は結びつかない。なので、関係性の面から無視されてきたようなのだ。

しかし、実は当時の国際情勢の中では、ドイツが経済破綻すると、回り回ってアメリカが大火傷《やけど》をするような仕組みになっていた。ほとんどの経済学者、経済官僚は、それに気づかなかったのだ。

その中で1人だけ、このことの重大性に気づき、警告を続けてきた経済学者がいる。

それが、ケインズなのである。

ケインズは、第一次大戦直後から「このままではドイツ経済は破綻する」「ドイツ経済が破綻すれば、世界経済も大きな影響を受ける」と主張し続けた。そして、1929年の交渉でも、ドイツ経済を破綻させる「ある事項」について、徹底して反対しつづけた。

この章では、1929年のドイツにどんな危機があったのか、ケインズはいかにしてこのことを警告していたのかを検証していきたい。

ケインズとベルサイユ条約

ドイツが経済危機に陥ったそもそもの原因は、第一次大戦の講和条約「ベルサイユ条約」で、過度な賠償を負わされていたからである。

第一次大戦後と第二次大戦までの世界情勢を語るうえで、ベルサイユ条約は欠かせない事項である。

なぜなら、第一次大戦後から第二次大戦までのヨーロッパというのは、簡単に言えば次のように動くからである。

ベルサイユ条約でドイツが過度な賠償金を課せられる

←ドイツ経済が破綻する
←ナチス台頭、ヒトラー政権成立
←ヒトラーの領土拡張政策に英仏が反発
←第二次大戦勃発

そして、ケインズも実は、このベルサイユ条約の制定に大きく関わっている。

このベルサイユ条約については、ご存じの方も多いと思うが、本章のテーマに入る前に、今一度、簡単に確認しておきたい。

ベルサイユ条約というのは、第一次大戦の終結を図る講和条約である。このベルサイユ条約では、第一次大戦の責任は一方的にドイツにあると規定され、「ドイツは連合諸国が受けた損害を賠償しなければならない」とされた。

そして賠償金は1千300億マルクであり、ドイツの税収の十数年分という巨額なものだった。今の日本で言うならば、500兆円以上の負担感はあるはずだ。国民1人当たり400万円の賠償金を課されれば、日本経済は大混乱に陥るはずである。そういうことを当時のドイツは強《し》いられたのである。

しかも植民地はすべて取り上げられ、人口の10％を失い、領土の13・5％、農耕地の15％、鉄鉱石の鉱床の75％を失った。

つまり国家経済を弱体化されたうえに、天文学的な賠償金を課せられたのである。

なぜ、このような過酷な措置が採《と》られたのか？

後年のわれわれの目から見れば、「こんなにひどいことをすればドイツは根に持ち、反攻してくるだろう」ということがわかる。しかし、当時の国際情勢の中では、それに気づいているものはわずかだった。

というのも、連合諸国としても、国内経済は破綻しかかっており、敗戦国を顧《かえり》みる余裕はなかったからだ。

イギリスやフランスは、大戦中、大量の戦債を発行していた。

戦債というのは、戦争のための公債のことであり、戦争に勝った後に支払うことを約束した債券である。

この戦債は主にアメリカに販売された。つまり、イギリス、フランスはアメリカに莫大な借金を抱えていたのである。そして、その戦債によって、アメリカから大量の軍需品を購入していたのだ。

第一次大戦後、この戦債は、国際経済の中で大きな問題となっていく。戦債は借金と同じことなので、当然のことながら戦後に支払われなくてはならない。

しかし、この借金を英仏が払えなかったのである。

第一次大戦というのは、これまでの戦争にない膨大な消耗戦だった。戦費も莫大なものであり、おいそれと払えるような額ではなかったのだ。

英仏や連合諸国としては、その償《つぐな》いはドイツに求めるしかない。

敗戦国の主要国であるオーストリア、オスマン・トルコは解体された。

敗戦国で唯一残った大国は、ドイツだけだったので、必然的にドイツに戦費が一手に請求されることになったのだ。

また連合国側のロシアは、フランスなどの連合諸国に巨額の債務を負っていたが、ロシア革命の後、建国されたソ連は、その債務の支払いを拒否してしまった。

そのため、フランスがドイツに求める賠償金額は跳ね上がってしまったのだ。

ドイツを叩き潰せ

第一次大戦の講和条約は、初めからドイツに過酷な賠償金が課せられたわけではない。話し合いの過程で、賠償金額が跳ね上がっていったのである。

当初、講和会議で話し合われたドイツの賠償問題の論点は、大きく次の2つだった。

まず1つは「連合国の戦争被害の損害賠償」にとどめるのか、「連合国の戦費の補償」まで拡大するのかということである。

「戦争被害の損害賠償」というのは、戦争で直接的な被害に遭った場合に、それを賠償するというものである。賠償を請求できるのは、戦場になった地域、空襲などの攻撃を受けた地域に、ほぼ限定される。必然的に賠償額はそれほど多くはない。

しかし「戦費の補償」となると、まったく話は違ってくる。

連合国の武器の製造費、購入費、兵士の給料、軍需物資の調達費用など戦争に関係する一切の費用が対象となるのだ。

ドイツとしてはもちろん、「戦争被害の損害賠償」にとどめたかった。しかし、英仏の反対に遭い、結局、「戦費の補償」にまで拡大されてしまった。

そしてベルサイユ条約で話し合われた、もう1つは、「ドイツの支払い能力限度にとどめるのか」それとも「連合国の請求額の全額まで拡大するのか」ということである。

これもドイツとしては「支払い能力限度にとどめてほしい」と連合諸国側に当然要求してきた。

しかし、連合諸国（特に英仏）は、世論の影響もあり、ドイツに過酷な要求をしていた。戦争で困難な生活を余儀なくされた国民は、その不満のはけ口をドイツに求めたのである。なので、英仏の代表者はドイツに強硬な姿勢を取らざるをえなかったのだ。

これは、ドイツにとって約束を反故《ほご》にされたも同然だった。

1918年2月、アメリカのウィルソン大統領が議会で行なった平和条約締結のための基本条件は「無併合、無賠償、無報復」ということだった。

「領土もそのまま、賠償金も課さない、報復もしない、なので戦争はやめましょう」と提案したのだ。

ドイツが休戦に応じたのは、このウィルソン大統領の平和的な提示があったからこそである。

同年の11月に連合国とドイツの間で交《か》わされた正式な休戦条約でも、ドイツが負担するのは「損害の賠償」ということになっていた。

しかしベルサイユ条約は、このウィルソン大統領の基本条件をまったく破ったものだった。ドイツとしては、当然、何度も旧連合国側に、妥当な額の算出を求めた。このままでは絶対に払うことは不可能なので、専門家がドイツの国力を計算して、「支払い可能な額を出してくれ」と。しかし、ドイツ側の要求は受け入れられず、巨額の賠償金を強いられることになったのである。

「ドイツが破綻すれば、われわれも破綻する」とケインズは言った

このベルサイユ条約に際し、ケインズは、イギリス大蔵省の代表委員の1人として、ドイツの賠償問題に当たった。

ケインズは、ドイツに多額の賠償金を課すことには当初から反対を表明していた。

「ドイツがこれほどの賠償金を払うということは、桁外《けたはず》れの工業製品輸出をしないと不可能であり、万が一もしドイツがそれを可能にしたならば、そのときはイギリスの工業製品が壊滅しているだろう」

ケインズはそう言って、賠償金の減額を提言した。

ドイツが経済的に破綻すれば、ヨーロッパ経済全体が混乱し、かえって失うものが大きいと考えたのだ。

だから、ドイツが負担しうる範囲で賠償金を課すべきだとしていた。

ケインズは、ドイツが経済破綻しない賠償金の額は30億ポンド、イギリスの貿易上の利益を損《そこ》なわずに、ドイツから取れる賠償金の額は20億ポンドが限度だと推計した。

しかし、国民世論はそうはいかなかった。

1918年12月、イギリスでは戦争で延期されていた総選挙が行なわれた。各党の候補者たちは、こぞって「ドイツからの完全賠償」（イギリスの損害をすべてドイツに賠償させる）を公約に掲《かか》げた。そうすることが、国民の支持を得るもっとも効果的な方法だったからだ。

フランスは、イギリス以上に強硬だった。国土が戦場になったフランスでは、イギリス以上に国内経済は疲弊し、国民の不満も高まっていた。

ケインズの努力もむなしく、結局、連合諸国とドイツとの交渉では、天文学的な賠償金が課せられることになった。

1921年1月のパリ会議では、ドイツの賠償金は、1千320億金マルク（66億ポンド）

と決められた。ケインズが「安全な賠償金」として算定した金額の3倍以上の額である。

ケインズは「ドイツ擁護論」で一世を風靡する

1919年末、ケインズは、『平和の経済的帰結』という書籍を出版した。

この本の趣旨は、次のようなものだった。

「講和条約でのドイツの賠償金は、実行不可能な額であり、これはいずれヨーロッパ経済を破綻させることになるだろう。現在のドイツ人は、一生、この賠償金のために苦しい生活を余儀なくされるはずであり、それはヨーロッパの将来に必ずよくない結果をもたらす」

まさに、その後のヨーロッパ、世界情勢を的確に言い当てたものだといえるだろう。

またケインズは、『平和の経済的帰結』の中で、ドイツが近いうちに深刻なインフレに陥るということも警告している。

「ドイツに多額の賠償金を課せば、ドイツの通貨価値は必然的に急落し、激しいインフレ状態になるだろう」

ということである。ドイツにハイパーインフレが起きるのは、この4年後のことになる。

ケインズというと、不況対策の「ケインズ理論」ばかりが取りざたされるが、彼が国際経済情勢を的確に分析していた類《たぐい》まれなる経済アナリストだったということは、もっと知られていいはずである。

彼の理論は、後年の経済学者たちのような机上の空論ではなく、実務家としての鋭い現実感覚の中から導き出されたものなのである。

この『平和の経済的帰結』は、イギリス国内で大きな反響を呼んだ。ただ、評価されるばかりではなく、反対者も多く、賛否両論を巻き起こした本だった。

しかし、この反響によりケインズは、政治的な発言力を強めることになった。

20世紀最大の経済学者ケインズの名を、最初に世に広めたのは「ドイツ擁護論」だったのである。

「ドイツにハイパーインフレが起こる」とケインズは予言した

「ドイツに多額の賠償金を課せば、ドイツは激しいインフレに襲われる」

というケインズの予言は、ほどなく的中してしまう。

ドイツの賠償金額が決定した2年後の1923年、ドイツは異常なインフレに襲われた。

莫大な賠償金を課せられたドイツ政府は、企業に対して特別税、相続税、ぜいたく品への課税など、ありとあらゆる課税をした。しかし、それも追いつかず、国債を発行し続けた。

しかも賠償金の未払いを理由に、フランスがドイツ最大の工業地帯ルールを占領するという事態が起きた。これが引き金となって、ドイツにはパニック的なインフレーションが生《しょう》じてしまったのだ。

このインフレは、マルクの対ドルの価値が1兆分の1になるという無茶苦茶なものだった。市民の苦労は想像に絶するものがある。

このハイパーインフレは、「1兆マルクを1レンテンマルクにする」という通貨改革で奇跡的に収束する。しかしこの事件は、ドイツに深い傷を残すことになる。

幻に終わったケインズのヨーロッパ復興プラン

ケインズは、ドイツを擁護するだけでなく、現実的な解決策をも提案していた。ドイツの賠償金を少なくすれば、連合諸国の戦費をどう清算するかという問題が出てくる。

この問題について、ケインズは戦債を帳消しにすることで、解決を図ろうと提案した。

ケインズらの試算では、第一次大戦終了時、戦債などによる連合国同士の債務関係は、次のようになっていたという。

アメリカ　債権（黒字）19億ポンド
イギリス　債権（黒字）9億ポンド
フランス　債務（赤字）7億ポンド
イタリア　債務（赤字）8億ポンド

ケインズはこれらの戦争による債務関係を、全部チャラにすることを提案したのだ。チャラにすることで、損をするのは19億ポンドの債権を持っているアメリカと、9億ポンドの債権を持っているイギリスである。

債務のあるフランスとイタリアは、それがチャラになるならば万々歳である。イギリス代表のケインズとしては、「イギリスも9億ポンドの債権を放棄するのだから、アメリカも19億ポンドの債権を放棄してくれ、そうすれば、世界経済は丸く収まる」というわけである。

またケインズは、ヨーロッパの復興のために、国際借款を実施すべきという提案を行なった。

戦争で荒廃したヨーロッパ諸国は、自力で復興するには時間がかかる。

また当面の食糧や生活物資なども不足している。なので、資本に余裕のあるアメリカが中心になって国際的な融資制度を作り、2億ポンドほどの借款をヨーロッパ諸国に行なうべきだということである。この2億ポンドで、ヨーロッパ諸国は当面必要な食糧や物資を確保して、復興の足掛かりとする。

そして、それとは別に「国際連盟に各国が振り込んだ金を基金にして、さらに2億ポンドの借款をヨーロッパ諸国に行ない、生産力の回復などに充《あ》てるようにするべきだ」という提案を行なった。

「もしこれをしなければ、ヨーロッパ経済は、金融危機が起き、経済が破綻してしまうだろう」

とケインズは主張した。

これは第二次大戦後のマーシャルプランを先取りするようなアイディアである（というより、マーシャルプランは、第一次大戦後にケインズの提案を受け入れずに、国際経済が破綻した反省から作られたものといえる）。

しかしケインズの提案は、残念ながら受け入れられなかった。

連合諸国は、ヨーロッパ復興の解決策として、ドイツから絞り取ることを選んだのである。

その結果、ドイツでは、連合諸国への復讐を党是に掲げる政党が、台頭することになるのだ。

その政党とは、もちろん、ナチスである。

そしてケインズは、自らの案が受け入れられなかったことを主な原因として、大蔵省から去ることになった。

貿易の勝ち逃げをしたアメリカ

１９２９年の世界大恐慌と、その直前のドイツ経済の破綻において、アメリカの責任は大きい。

アメリカの第一次大戦後の経済政策が、世界中を混乱に導いたともいえるのだ。というのも、アメリカは国際経済における大事な義務を放棄していたからだ。

その義務とは、「大債権国は、債務国を助けなければならない」という義務である。もしこの義務を怠《おこた》れば、世界経済は回っていかないのだ。またアメリカは当時の国際金融のルールを無視して、ひたすら自国に富を貯め込んだのである。

具体的にいえば、「金の不胎化《ふたいか》」というのがそれである。

アメリカは第一次大戦では、本土は戦争による被害をまったく受けなかったうえに、連合国に膨大な軍需物資を売りつけ、世界一の債権国になった。

そしてアメリカには、大量の金が入ってきた。

金本位制のもとでは、金が流入すればそれだけ通貨量を増やさなければならない。金本位制というのは、次ページの上図のようなシステムで、各国の通貨の安定が図られるようになっているのだ。

金本位制をとる国々は、この手順をとることで、お互いの通貨を安定させてきたのである。

しかしアメリカは、このルールを破ったのである。

自国内でインフレが起きることを懸念し、金が流入しているにもかかわらず、通貨量を増やさなかったのだ。1922年8月以降、流入した金は、連邦準備銀行の金準備に含めないようにしたのだ。

そうすると、どうなるか？

前ページ下図のようにアメリカは金が大量に入ってくるにもかかわらず、アメリカの国際競争力は落ちない。アメリカの貿易黒字は、ますます増え、金がますます流入してくる。1923年の末には、世界の金の4割をアメリカが保有していたのである（その後、第二次大戦終了まで、アメリカの金保有量は増え続け、最終的に世界の金の7割以上を保有するにいたる）。

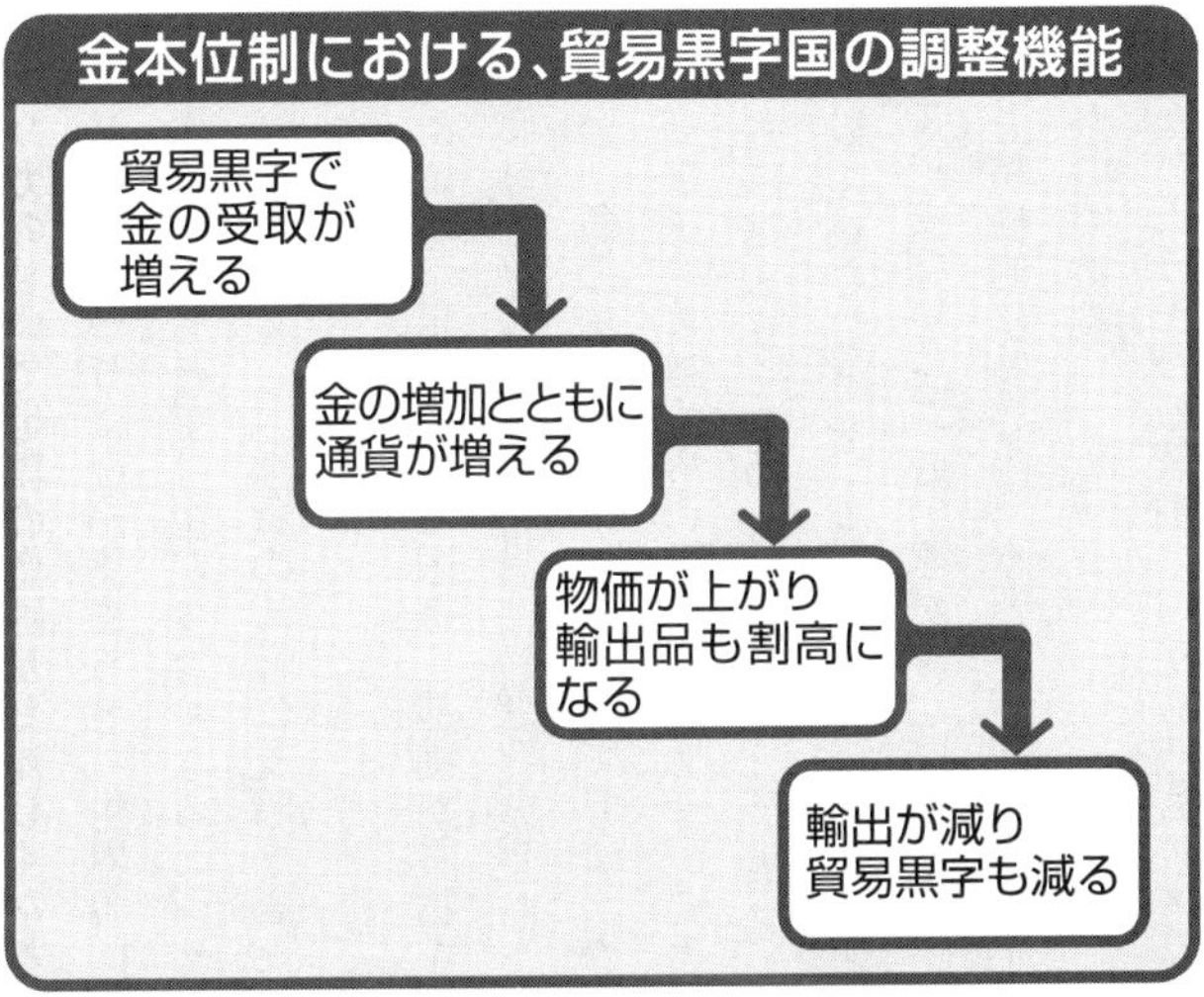
金本位制における、貿易黒字国の調整機能
貿易黒字で金の受取が増える
金の増加とともに通貨が増える
物価が上がり輸出品も割高になる
輸出が減り貿易黒字も減る

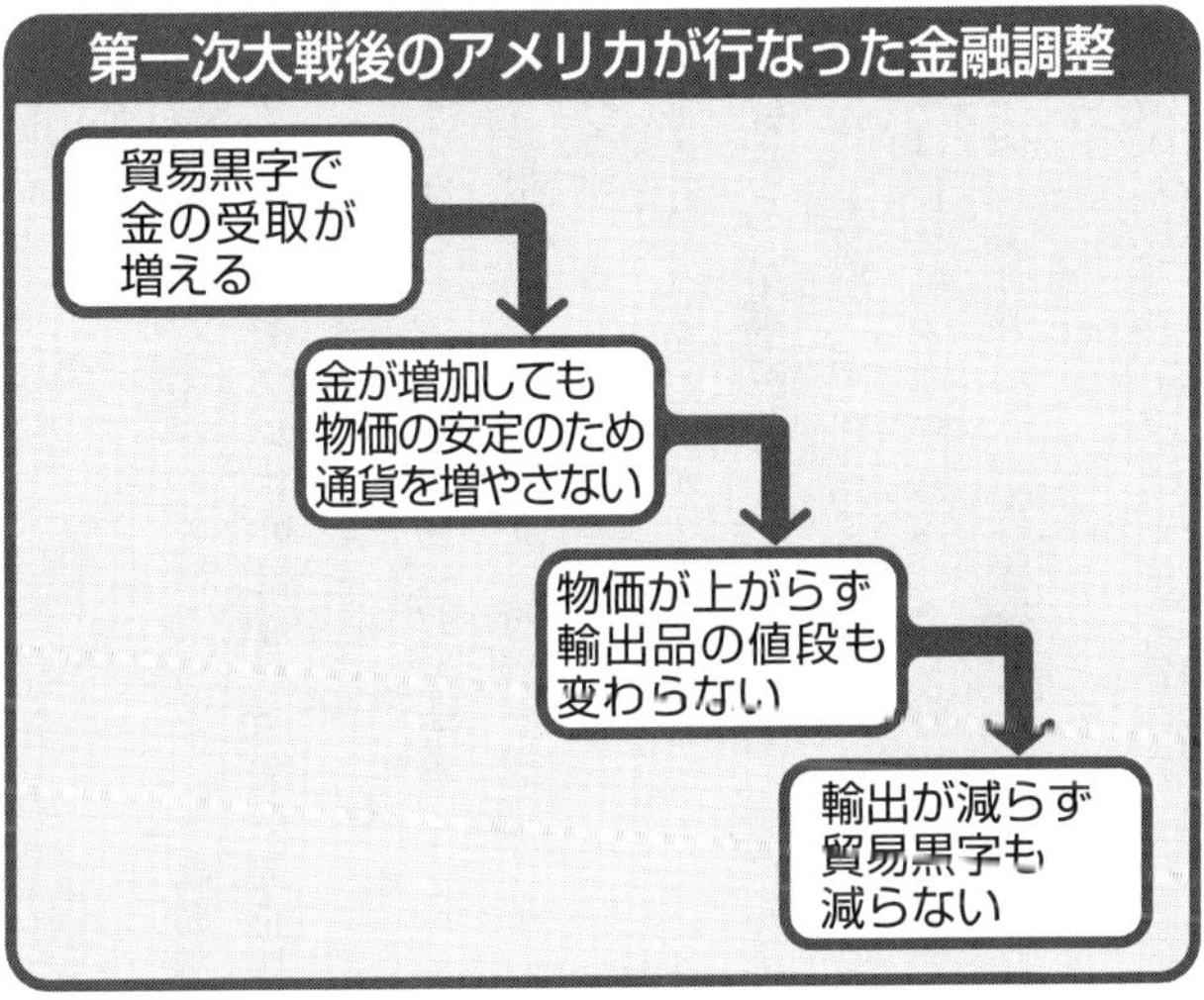
第一次大戦後のアメリカが行なった金融調整
貿易黒字で金の受取が増える
金が増加しても物価の安定のため通貨を増やさない
物価が上がらず輸出品の値段も変わらない
輸出が減らず貿易黒字も減らない

アメリカのせいで世界の金融がおかしくなる

アメリカばかりに金が集まると、世界各国で金が不足する。

金本位制のもとでは金が少なくなると、その分、通貨を減らさなくてはならない。なので金の減少が続くと、通貨の流通に支障をきたすようになる。デフレ状態になり産業が沈滞してしまう。

また金が不足している国は、他国から物を買えなくなるために、貿易も収縮する。

つまりアメリカが、「世界貿易の通貨」である金を貯め込んだことが、世界を恐慌に陥れる強い「負のエネルギー」となってしまったのである。

なぜアメリカは世界の迷惑を顧《かえり》みず、これほど金を貯め込んだのか？

それには大きく2つの理由がある。当時の国際経済の常識として、どこか1国が貿易黒字を貯め込むことが、悪いことだという認識はなかったのである（現在も、そういう考えを持っている経済学者、政治家が多い）。だからアメリカは貿易黒字が膨らみ、金を貯め込んでも、それを積極的に吐き出そうとか、他国の金不足を支援しようという試みはほとんど行なわなかったのである。

また、もう1つの理由は、そもそもアメリカというのは、貿易をそれほど必要としない国だったのだ。資源も多く、広い農地もある。工業化も進んでいる。１９２９年におけるアメリカのＧＮＰ（国民総生産）に対する貿易の割合というのは、輸出が５％、輸入が３・４％にすぎなかった。

つまり、当時の世界貿易の中では、世界各国はアメリカの産品を必要としているけれど、アメリカが、他国から買わなければならないものは特になかったのだ。だから、アメリカには、金が貯まる一方となってしまった。

１９２０年代のアメリカは、バブル状態になっていたが、それはアメリカに金が集まりすぎたことも大きな要因なのである。

しかし、アメリカの金貯め込み政策は、結局、アメリカ自身の首をも締めることになった。

１９２０年代のアメリカは、なぜバブルになったのか？

１９２０年代のアメリカの株式バブルについては、さまざまな本でさんざん語られているので、この本であまり言及する必要はないだろう。

ただ、アメリカ株式市場のバブルはその後の世界経済に大きな影響を与えたことなので、まったく避けるわけにもいかない。なので、ここではドイツ経済とアメリカの株式市場のバブルの関わりを中心に、その経緯を説明したい。

アメリカは、世界大恐慌前までは、積極的にヨーロッパに投資を行なっていた。

特にドイツは、賠償金の支払いやそのための経済復興が急務だったので、アメリカから積極的に投資を受け入れた。もともとドイツは工業大国であり、復興さえ果たせば、大きな経済成長が見込める国である。それを見越して、アメリカの投資家はこぞってドイツに投資をしたのである。

しかし、1920年代後半からアメリカの株式市場が過熱していき、ドイツに投資された金が、アメリカの株式市場に流れ込むようになっていた。

アメリカ連邦準備銀行は、株式市場の過熱を冷まさせるために、金利の引き上げを行なった。しかしこれが裏目に出てしまった。高い金利を目当てにして、さらにアメリカへの投資が増える結果になったのである。

そのためアメリカの株式市場バブルは、ますますバブルになってしまった。この過熱したバブルが、あることをきっかけに一気にはじけてしまうのである。

つまり、アメリカのバブルは次のような経緯となっているのだ。

アメリカの好景気で株式市場が過熱する
↓
アメリカ連邦準備銀行が過熱を冷ますために金利を上げる
↓
高金利に惹かれて世界中から資本がアメリカに集まる
↓
株式市場がますます過熱する

ドイツ賠償金の「ドーズ案」とは

アメリカ株式市場暴落につながったドイツの経済破綻について、もう少し詳しく言及したい。

この章の冒頭で紹介したように、１９２９年には「ドイツの経済破綻」を決定づける事件があった。

その経緯をご説明しよう。

ドイツに対する賠償が過酷すぎたことは、1923年に起きたドイツのハイパーインフレを見ても明らかだった。

「ドイツ経済が崩壊してしまえば、賠償金も取れなくなる」

そのことを現実的に感じた連合諸国は、賠償金の額、支払い方法などをもう一度、練り直すことにした。

1923年12月からアメリカの金融家ドーズを委員長として、ドイツの賠償問題が検討された。

そして、1924年4月に新提案が発表された。

これはドーズ案と呼ばれるもので、賠償金の支払い額を減額したうえに、ドーズ公債という債券を発行し、アメリカから借款し、それを賠償に当てるということが新たに決められた。

アメリカはドイツに投資をし、ドイツはその金で連合国に賠償金を払う。連合国はその金でアメリカに戦債の元利支払いをする。そういう資金循環の流れが作られた。

ドイツはドーズ案後、70億マルクもの外国資本を受け入れ、そのうち50億マルクがアメリカからのものだった。この50億マルクは、連合国を経由してアメリカに還流したのである。

そしてドーズ案には、さらにドイツに配慮した画期的な点があった。それは賠償金をマル

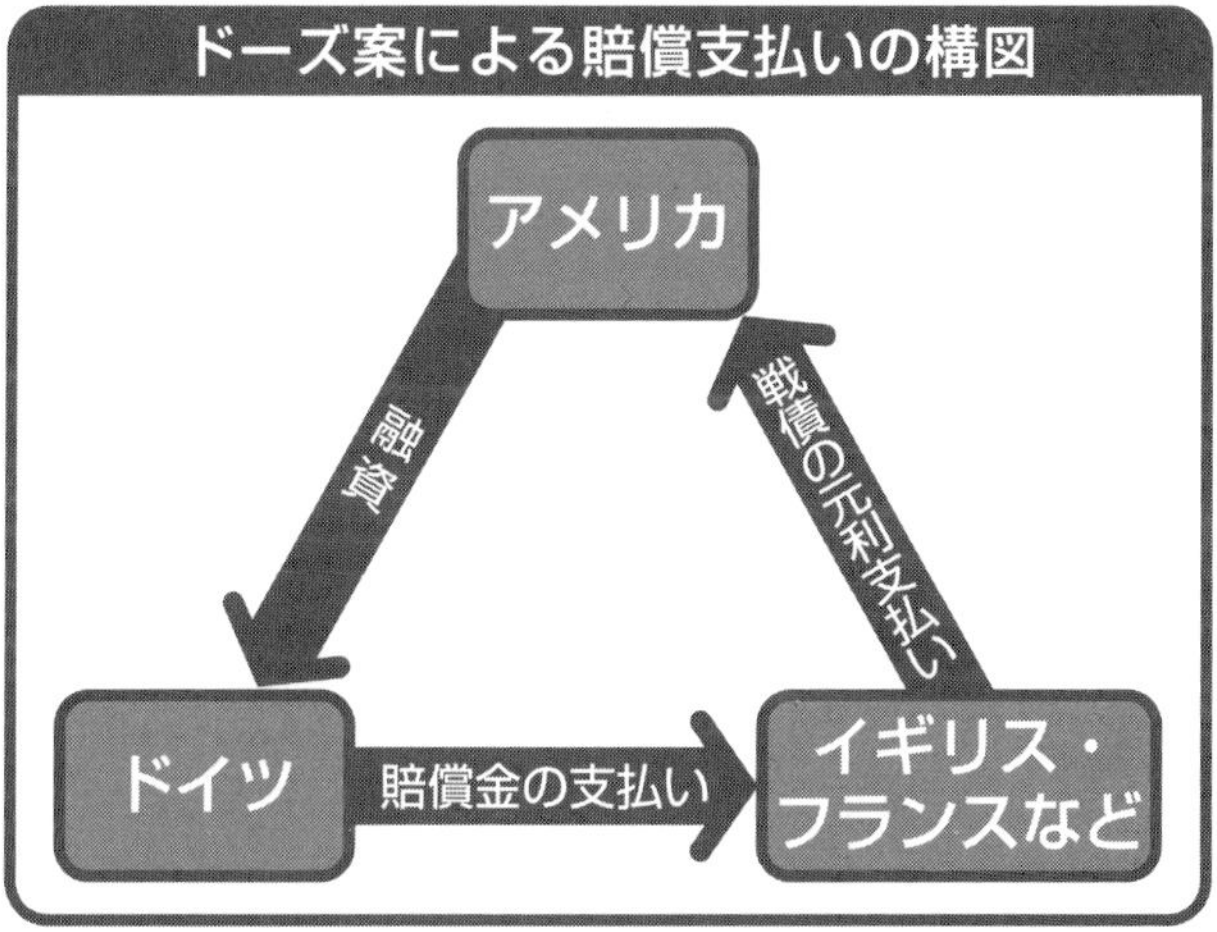

クで支払うことができるようにした点である。

これは、「トランスファー保護規定」と呼ばれるものである。これまで賠償金は、マルクではなく、相手国の通貨で払うことが義務付けられていた。そのためドイツ政府は、常に大量の外貨を保有しておかなければならない。

これが、経済が復興していないドイツにとっては大きな負担になっていた。それがドイツのハイパーインフレの要因の1つにもなっていたのだ。

しかしドーズ案では、ドイツはこの負担から解放され、「決められた賠償金を自国のマルクで準備すればそれでOK」ということになった。

もちろんマルクの価値が下落すれば、連合国側としては大きな損害を被《こうむ》る。しかしマルクの価値が下落しないように調整するのは連合国側の義務だとされたのである。

この「トランスファー保護規定」は、ドイツの賠償金支払いの負担を軽くするだけではなく、ドイツ経済の流れに大きな僥倖《ぎょうこう》をもたらした。

ドイツのマルクの価値が下落しないように、連合国が責任を持たなければならないので、今後、ドイツのマルクの価値が下落する可能性は低い。そのため、ドイツ経済への安心感が生まれ、アメリカをはじめとする欧米の資本が、次々とドイツに集まってきたのだ。

ドイツは、第一次大戦前までアメリカ、イギリスに次ぐ第3の工業国だった。しかも、フランスなどと違い、第一次大戦では国内での被害はほとんどなく、工場設備はそのまま残されていた。だから条件さえ整えば、大きな発展の可能性を持った国だったのである。

このドーズ案以降、ドイツは急速に復興し、繁栄を謳歌《おうか》することになる。

そして、このドーズ案の「トランスファー保護規定」が破り捨てられたとき、ドイツ経済は破綻し、世界恐慌へとつながっていくのである。

新しい賠償方法がドイツ経済の崩壊をもたらす

ドーズ案では、賠償金の総額や、支払い続ける期間は定めていなかった。

それを決めるための会議が1929年に開かれた。

アメリカの実業家ヤングを議長として開かれたこの会議では、新しい賠償方法として「ヤング案」が決定された。

ヤング案では、賠償金の額が大幅に減額されたが（当初の額の3分の1になった）、「トランスファー保護規定」が廃止された。

つまりドイツは、賠償金をマルクで払うのではなく、相手国の外貨で払わなければならないことになったのだ。ドイツは外貨を買わなければならなくなり、それはマルクの価値を急落させる懸念を生じさせた。

連合諸国は、マルクで支払いを受けるのではないので、マルクの価値を下げない努力はしなくていい。マルクの価値を維持する努力はドイツ側がすべて負うことになったからだ。

しかし、経済がまだ脆弱《ぜいじゃく》なドイツにそれを求めるのは酷《こく》だった。

ケインズも、ヤング案の「トランスファー保護規定」の廃止には、強く反対した。そして、ケインズはこんな予言をしている。

「ヤング案はたとえ短期間であれ、実行可能ということにはならないでしょう。1930年には何らかの危機が訪れても、けっして不思議ではないと思います」

不幸なことに、ケインズの予言は的中してしまった。しかも、1930年を待つまでもなく、その年（1929年）のうちに世界的な規模での大混乱が生じたのである。

危機はまずドイツから始まった。

ヤング案に対して、何より市場がすぐに反応した。

ヤング案の骨子が見えてきたとき、ドイツから外国資本が次々と引き揚げられていったのだ。

「マルクの安定が保証されなくなったので、ドイツに投資をすることは危険だ」

と、投資家から判断されたのである。

せっかく復興しかけたドイツ経済は、また破綻寸前にまで追い込まれるのである。ドイツ経済の破綻は、単にドイツ一国だけの問題ではない。ドイツはヨーロッパの大国であり、金融、貿易など良しにつけ悪しきにつけ、その影響力は大きい。

ヤング案のために、ドイツに投資されていた外国資本のかなりの部分が、アメリカに流れたことは間違いない。過熱していたアメリカの株式市場を、ヤング案がさらに過熱させたわけである。

ドイツ経済の破綻がアメリカの株式市場暴落をもたらす

「ドイツ経済が破綻するかもしれない」

という情報は、アメリカ経済にとって、非常に大きな、悪影響のある情報である。

先ほども述べたように、当時、アメリカはドイツに投資をし、ドイツはそれで英仏に賠償金を払い、英仏はその賠償金でアメリカに戦債の支払いをする、という循環があった。ドイツ経済が破綻するということは、この循環が途切れることになる。

英仏は賠償金を取れなくなるし、アメリカは巨額の戦債が不良債権化してしまう、ということである。

またドイツが経済破綻した場合、もっとも影響を受けるのは実はアメリカだったのである。英仏はドイツから賠償金を取れなくなるが、それを理由にアメリカへの戦債の支払いをやめてしまえば、差し引きはそれほど大きくない。戦債が払われなくなれば、アメリカだけが丸損をするのである。

当時アメリカが持っていた連合諸国の戦債は約70億ドルだった。これは当時のアメリカのGNP（当時の経済指標ではGDPではなくGNPが使われている）の約7％である。これが全部、不良債権となったなら、アメリカの経済に重大な影響を及ぼすはずである。

これを今の日本に置き換えて考えてみてほしい。

もしGDPの7％にものぼる他国の国債が焦《こ》げついたら、日本経済はどうなるか？

GDPの7％というと40兆円前後である。これは国家の歳入と同じくらいの金額である。つまり日本の1年分の国家収入が消えてしまうのである。日本経済に与える影響は、計り知れないだろう。

リーマンショックの引き金であり、史上最大の倒産とされたリーマン・ブラザーズの負債総額がアメリカGDPの約5％なのである。ドイツがもし経済破綻してしまえば、それを超える不良債権をアメリカにもたらすことになるのだ（実際に不良債権化することになる）。

ヤング案の発表に、株式市場が反応しないはずはないのである。

ヤング案の骨子がおおむね作られ発表されたのは、1929年6月のことである（正式に成立するのは1930年3月）。

そして、この5ヵ月後に、アメリカの株式市場が大暴落し、世界は大恐慌に突入するのである。時系列から見ても、ヤング案とアメリカの株式市場大暴落に、因果関係がないはずはないのだ。

ヤング案が発表されたときに、ただちにアメリカの戦債が反故《ほご》にされたわけではない。し

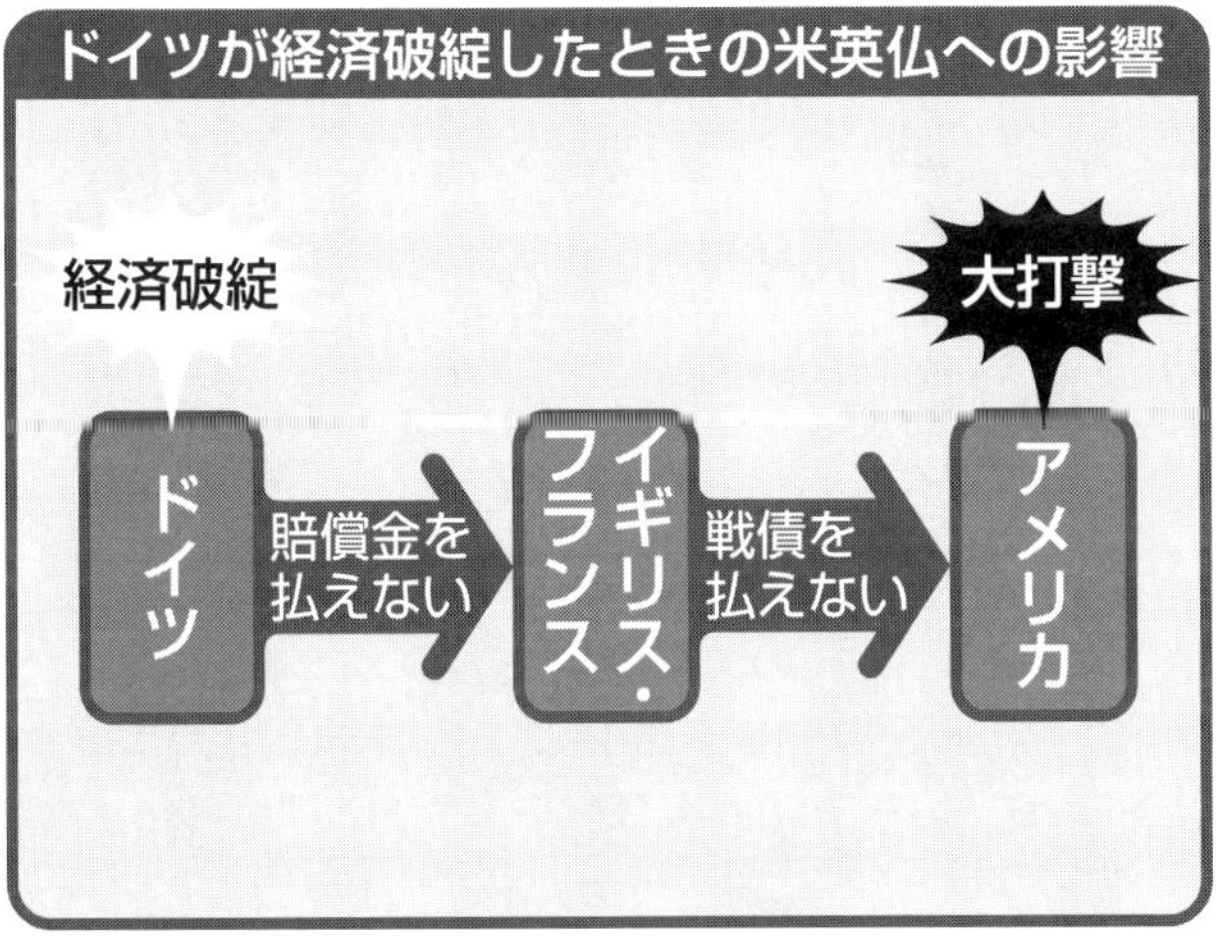

かし、その懸念が、投資家や経済人の間で起こっていないはずはない。

「戦債はヤバいのではないか」

「戦債は不良債権化するのではないか」

そういうことがあちこちで噂されていたはずである。その懸念は、アメリカ経済への不安となって株式市場に反映するのは、無理からぬ話だろう。実際に、ヤング案を契機に、ドイツの賠償金の支払いはほぼ停止し、英仏の戦債も事実上、焦げついてしまったのだ。

世界大恐慌が語られるとき、この事項についてはほとんど言及されることがない（というよりアメリカの株式市場大暴落の本当の原因というのは、今も不明だとされている）。

しかし、ドイツ経済の破綻（もしくは破綻するかもしれないという予感）は、この時期のアメリカ経済に重大な影響を与えていることは間違いない。

ちなみに、ドイツの賠償金支払いや英仏のアメリカへの戦債支払いがどうなったかというと、事実上、ヤング案以降、未払いとなってしまっている。

結局、経済というものは、自分だけが潤《うるお》うということはできないのである。

相手を叩きのめしてしまえば、自分がいくら金を貯め込んでも、取引する相手がいなくなる。そうなれば、自分も富を失っていくのだ。

つまり、経済というのは、相手も健全であるときに、初めて自分が潤うことができるのである。

世界大恐慌というのは、そのことを如実に表わしている現象なのである。

そしてナチスが台頭した

前項までで述べたように、1929年、ドイツでは経済破綻が決定づけられる事態が発生し、その直後にアメリカで株式市場の暴落が起きた。

世界大恐慌が始まったのである。

世界大恐慌では、ドイツはさらに苦境にあえぐことになる。

1930年から31年にかけて、外国金融業者は、ドイツへの新規貸付を一切やめ、短期債務の返済を要求した。

そのためドイツの金《きん》保有高、外貨はほとんど消滅してしまった。

ドイツは金融危機に陥り、1931年7月には、ドイツ第2位のダナート銀行が破綻し、ドレスデン銀行など経営危機に陥る銀行が続出、多くの企業が倒産した。

ドイツ政府はその間、有効な政策を講じることはできなかった。

1930年に就任したワイマール最後の首相ハインリヒ・ブリューニングは、ただちに財政支出削減、増税を行なおうとした。政府の財政赤字が深刻化していたため、それをまず第一の問題としたのである。

そしてブリューニング政権は6月には、失業保険の支給打ち切り、公務員給料の引き下げ、増税を検討した。

これらの政策は、ケインズ理論とはまるで逆である。

不況のときに、財政を緊縮させれば、もっと不況になる。

ケインズの理論は、そのまま現実となってドイツに現われた。ドイツの経済はさらに悪化し、失業者が650万人にも上った。

ブリューニング政権のこの緊縮財政政策は、単に赤字財政対策だけではなく、連合国へのアピールでもあった。

「ドイツは失業者に払う金もないから、賠償金を負けてくれ」

ということである。ベルサイユ条約の呪縛《じゅばく》が、ここでもドイツを苦しめていたわけだ。

しかし、この政策は、ドイツ国民の猛反発を食ってしまう。代わって登場してきたのが、ヒトラーなのである。

ヒトラー率いるナチスは、再軍備、ベルサイユ条約の破棄など、強硬な政治目標を掲げていた。

結党当初はその過激さから、財界や保守派から敬遠されたが、ドイツ経済悪化とともに中産階級以下から圧倒的な支持を集めるようになる。

やがて、財界や保守派も、共産党の台頭を防ぐ意味でヒトラーを支持するようになり、1933年、ついに政権の座に就いたのだ。

第2章

ヒトラーとケインズは資本主義の限界を見抜いていた

ヒトラーが実践したケインズ理論とは

序章でも紹介したように、政権を取ったヒトラーは、ケインズ理論をそのまま実行するような政策を行なう。

それが、ヒトラーが劇的に失業者を減らすことができた要因でもある。

なぜヒトラーは、ケインズ理論を実行するような政策を行なったのか？

なぜヒトラーの政策は、効果を上げることができたのか？

本章では、それを検討していきたいと考えている。

その前に、まずケインズの失業対策理論を簡単に紹介したい。

経済学を少しでも学んだことがある人にとっては、当然すぎる事柄かもしれないが、ケインズの理論は知名度の割にはその内容は意外と知られていないので、今一度、確認しておきたい。

ケインズの失業対策理論の要点は、「人為的に有効需要を創造する」というものである。

「有効需要の創造」

というと、非常に難解な話のように聞こえるが、簡単に言えば、「仕事のない人に対して、政府が投資をして何か仕事を与えてやる」「そうすれば失業はなくなる」ということである。

これは、聞いてみればごくごく当然のことのようにも思える。

「仕事のない人に仕事を与えれば、そりゃ、失業はなくなるだろう」

と。しかし当時の経済理論には、人為的に失業者に仕事を与えるなどということは、なかったのである。

当時の経済理論では、「経済を安定させるためには自由放任がもっともいい」とされていたのである。

人々が利《り》を求めて、自由に経済活動をしていれば、すべて丸くおさまる。失業問題についてもしかり。

「雇用が減って失業が増えると、賃金が下がる」

「賃金が下がれば、雇用を増やす企業が出てくるので、自然に失業問題は解消する」

「失業がなくならないのは、失業者の勤労意欲がないから」

というふうに思われていたのである。

アダム・スミスの「神の見えざる手」という有名な理論から始まった自由放任の経済理論は、20世紀に入っても「学術的」には健在だったのだ。

しかし、経済の実態はこの理論通りにはいっていなかった。産業革命以降、欧米の経済は複雑化が進んだ。そして失業者が増え、それがいつまで経っても減らない、という状況も生まれてきた。働く意欲はあるのに、職を得られない人が大勢出てくるようになったのだ。

そしてケインズは、「自由放任していても失業問題が自然に解消することはない」という考えを持つようになり、「失業者が多いときには、国が投資をして有効需要を増やす」。つまりは、「国が人為的に失業者に職を与える」という経済理論を導き出したのである。

ヒトラーは政権を取るとすぐに、4カ年計画というものを発表したが、この4ヵ年計画はケインズ理論をそのまま実行するようなものだった。ヒトラーとナチスは公共事業で、失業問題を解消しようと計画し、そして本当に解消してしまったのである。

ヒトラーとケインズは「失業」を最重要課題にしていた

ヒトラーとケインズの経済思想で共通している部分の最たるものは、経済の中でもっとも悪いものは「失業」であると捉《とら》えていたことである。

そして、すべての経済政策は「失業を減らすこと」を目的に練られるべき、という考えを持っていた。

ケインズの理論は、常に失業対策が最重要課題にされている。

ケインズの代表作である『雇用・利子および貨幣の一般理論』も、その最大のテーマは失業をどうすればなくせるか、ということであり、彼の著作のほとんどは、このテーマが掲げられているのだ。

またヒトラーも同様だった。ヒトラーは、政権を奪取した直後のナチス党大会で次のようなことを述べた。

アウトバーン（AFP／時事）

「われわれが義務としてもっとも心配しなければならぬことは、国民大衆に仕事を持たせて、失業の淵《ふち》へ再び沈めさせないことなのだ。上層階級が1年中多量のバターを得られるかどうかということよりも、できるならば大衆に安価なフェット（パスタ）を確実に供給しうること、否、それよりも大衆を失業させないことが、われわれにとって重大なのだ」

また、1933年7月に行なわれた帝国地方長官会議でヒトラーはこうも言った。

「われわれのなすべき課題は、失業対策、失業対策、そしてまた失業対策だ。失業対策が成功すれば、われわれは権威を獲得するだろう」

そしてヒトラーは実際にその通りのことを行なう。

ヒトラーは、失業対策を国家の最優先課題とし、アウトバーンなどの公共事業、中小企業への融資の充実、貧困農民の救済などを行ない、失業者を劇的に減らしたのである。

まず底辺にいる人々を助ける

ヒトラーとケインズは、なぜ失業対策を最重要視していたのか？

それは、「経済問題の中で、社会に与える影響が一番大きいのは失業だ」と、彼らが考えていたからだろう。

「失業者がたくさん出る」

ということは社会にとって、もっとも厄介《やっかい》な事態である。

失業するということは、生活の糧《かて》を失うということであり、食えない人が出てくるということだ。

そういう人を、社会はなんらかの形で救済しなければならない。彼らを放置していれば、社会不安に陥るからである。

逆にいえば、失業者が出ないなら（食っていけない人が出ないなら）、他の経済問題は大したことはないのである。

古今東西を見渡しても、治安の悪い国、社会不安に陥っている地域というのは、必ず失業問題がリンクしている。

第一次大戦後のヨーロッパというのは、常に失業問題に悩まされてきた。世界恐慌の大量失業を待つまでもなく、イギリスでもドイツでも、常時10％前後の失業者を抱えていたのである。

当時の失業率10％というのは、現在の失業率とはかなり違う。

当時は、ヨーロッパでも女性の社会進出はそれほど進んでおらず、成年の女性は家にいることが多かった。職がない女性を失業者とみなしていなかったのだ。

つまり、当時の失業率というのは、男性の失業者だけの割合を示していたのだ。しかも、この男性の失業者というのは、一家で唯一の働き手である場合が多かった。失業率というのは、そのまま、食うに困っている国民の割合を示しているものでもあったのだ。

なので、ヒトラーもケインズも、失業対策を最重要の課題としていたのである。彼らは、経済理論をこねくりまわすのではなく、失業をなくすにはどうすればいいか、ということを「現実的」に考えていたのだ。

金融危機、不況、インフレ、デフレが生じたとしても、失業者が出ず、食うのに困る人が出ないならば、ほとんど問題にはならない。つまり、金融危機、不況自体が問題なのではなく、失業が問題なのである。

その点を、現在の経済学者、経済政策者は履き違えている感がしてならない。

日本の現状を見てもそうである。

景気浮上のためと称して、巨額の財政支出を行なっても、それはほとんど大企業の収益に吸収されてしまう。大企業が経営破綻しそうになると巨額の税金を使って救済する。

しかし失業者に対する手当は後回しにされ、経済的理由で何万人もの自殺者が出る始末である。社会が不安になるのは当然である。

もし、失業者を減らすことを最優先に経済政策を行なえば、もっと少ない税金で、社会を安定させることができるはずである。

赤字財政を使いこなせ

ヒトラーが卓越していたのは、公共事業政策を大胆に取り入れたのもさることながら、赤字財政を厭《いと》わなかったことにある。

というのも、公共事業で失業を減らそうという計画は、ヒトラー以前からあったものである。前政権のブリューニング内閣は、ヒトラーの4カ年計画と似たものを1932年に立案しているのだ。しかし前述したように、ブリューニング内閣は財政悪化を鑑《かんが》み、計画通りの公共事業を行なわなかったのである。なので、ヒトラー以前に行なわれた公共事業は、総額で3億2千マルクにすぎなかった。

ところがヒトラーは、前政権をはるかに上回る規模の公共事業を計画し、実行した。ブリューニング内閣のように赤字財政を怖がることはなかったのだ。

ヒトラーは16億マルクの国債を発行し、前期に追加計上された公共事業費の未消化分を合わせて、20億マルクの公共事業予算を計上した。

現在の財政の常識から見るならば、国債を発行して財政赤字になる、ということはそれほど珍しいことではない。

しかし、当時の財政の常識においては、戦時中でもないのに、国債を大量に発行して、財政を赤字にするというのは、よほど思い切ったことだったのである。

前政権のブリューニングはそれができなかったために、失業問題を解決することができなかったのだ。

「不況のときは、赤字財政を敷いて積極的に公共事業を行なう」

という経済理論を初めに打ち出したのは、ケインズなのである。

ケインズ以前の財政政策というのは、財政は均衡《きんこう》すべき、それが最上の財政政策という考え方が一般的だった。

財政を赤字にすると、通貨量が増えるのでインフレが起きて、経済が混乱する、というのがその理由である。

しかし、ケインズは、赤字財政と黒字財政を使い分ける「伸縮財政」という考え方を作りだした。

これは、不況で経済が停滞し失業が増加しているときには、政府が赤字になっても積極的に財政支出を行ない経済を活発化させる。そして好況のときには、インフレを防ぐために黒字財政にする、というものである。

ケインズは失業が増えるよりも、失業を抑えてインフレになったほうがいいと主張したのである。

この点でも、ヒトラーはケインズ理論の優等生だということがいえる。

ヒトラー政権前半期の赤字財政については批判もある。

「ヒトラー政権は財政が逼迫《ひっぱく》したために、政権後半では領土侵攻に転じたではないか」ということである。

しかし、この批判は妥当ではない。

ヒトラー政権が、領土侵攻を行なった最大の要因は、「旧領土の回復」と「自立できる経済圏の獲得」だった。財政赤字を払拭《ふっしょく》するためではない。

ヒトラー政権前半で抱えていた財政赤字は、その後のドイツ経済の復興により、十分にペイできるレベルであり、むしろ、財政を圧迫していたのは、侵攻準備のための軍事費のほうだったのだ。

ちなみに現在の日本は、巨額の財政赤字に苦しんでおり、財政赤字の是非《ぜひ》を問う論争はよく行なわれる。

今の日本の財政状態は、ケインズ理論から言えば、正しいのか？　間違っているのか！

筆者は間違っていると考える。ケインズは、「赤字財政を厭うな」とは言ったが、やみくもに赤字にしてもいいと言ったわけではない。景気がいいときには緊縮財政にして、赤字を埋め合わせておく、そうすることで、不景気のときの赤字財政が効果を上げるわけである。日本はバブル以前から、景気の変動にかかわりなく、ひたすら巨額の公共事業を行なってきた。ケインズ理論というのは、そういうことをしろと言っているのではけっしてないのである。

金本位制からの離脱

ヒトラーの経済政策と、ケインズ理論の共通項として、「公共事業」の次に挙げられるのは、「金本位制からの離脱」である。

ヒトラー政権直前のドイツ経済は、金の流出が続き、金融危機に陥っていた。それを見たヒトラーは、金本位制を捨てて管理通貨制に移行したのである。

これには世界は仰天した。

他のヨーロッパ諸国は、世界大恐慌以降、金兌換《だかん》の停止を行なっていた。しかし、それはあくまで一時的なものであり、金融の混乱が回復すれば金本位制に復帰するつもりだったのだ。

当時の常識では、あくまで「通貨というのは金と結びつけられることで、その信用が裏づけられる」とされていた。「金と交換する」という保証があるからこそ、通貨は流通するのであって、金とまったく切り離された通貨など信用されないので流通しないと考えられていたのである。

しかしヒトラーは、金に結びつけない通貨制度を取り入れ、それを成功させた。ヒトラーはドイツの労働力などを担保《たんぽ》にして、通貨を発行したのである。ヒトラー政権の期間、際《きわ》立《だ》った金融危機やインフレは起きていない（政権崩壊後は起きたが）。

ヒトラーは通貨に関して、次のようなことを側近に語っている。

「国民に金を与えるのは、単に紙幣を刷《す》ればいい問題である。大切なのは、作られた紙幣に見合うだけの物資を労働者が生産しているかどうかということである」

これは、通貨の本質を突いている言葉だといえる。発行した通貨量に見合うくらいの産業力があれば、その国の通貨は安定する、ということである。むしろ金というたった1つの鉱物を基準に、1国の通貨量を決めるほうが不自然なのである。

現在の先進諸国のほとんどは金本位ではなく、管理通貨制を採《と》っている。戦後、先進諸国は相次いで金本位制から離脱したのである。それを見ると、ナチスは通貨制度を先取りしていたといえるのではないだろうか。

金本位制は実は欠陥だらけの制度だった

金本位制というものには、そもそも欠陥がある。

金本位制がうまく機能する場合というのは、各国がまったく同じ条件（同じ農業力、同じ工業力、同じ教育程度など）を持ったときなのである。

たとえば、さしたる資源もなく、産業もなく、教育もあまり充実していない国があったとしよう。

一方、豊かな資源と、発達した産業、充実した教育を持つ国があったとする。

両者が貿易した場合、明らかに後者から前者への輸出のみが行なわれるはずだ。そして、貿易不均衡が続いて、前者の金保有量が減り、後者の金保有量が増えたとしても、それによって前者の国際競争力はそう簡単に上昇するものではないし、後者の国際競争力がそう簡単に下がるものでもない。

となれば、いつまでも貿易の不均衡は続くし、やがて前者の金保有量は底をつき、貿易は停止してしまうだろう。

第一次大戦後に行なわれた欧州とアメリカの関係は、これによく似たものだったのである。

国際競争力や金保有量を均衡化するなどということは無理な話で、なんらかの形で各国の政府が通貨を管理しない限り、自動調整など果たせない、そういうことをケインズは主張していたのである。

そして、国際経済はこのケインズの予想通りの展開をしていくのだ。

金本位制は綿密に計画された通貨制度ではなかった

国際的な通貨における金本位制というのは、そもそも緻密な経済理論に基づき、計画的に設計されたものではない。イギリスが金本位制を採用したために、済《な》し崩し的に各国が採用したにすぎないのだ。

金本位制がイギリスで採用されたのは、1816年のことである。

当時、絶対に安定的な通貨制度などというものを設計する技術はなく（現代でもそういう技術はまだ開発されていない）、当時としては、金本位制がもっとも妥当な方法ではないか、ということだけで採用されたものである。

イギリスが金銀複本位制から金単本位制に移行したのが1816年であり、1821年には、ポンドと金を自由に兌換することを世界に向けて保証した。

ケインズの分析では、1822年から第一次大戦直前の1913年までの90年の間、イギリスの物価はプラスマイナス30%を超えることがなかったという。

つまり、イギリスは金本位制を採って以来、非常に安定した金融システムを構築することができたのだ。

この事実は、イギリスの経済学者や政策担当者たちに、「金本位信仰」を生むことになる。またイギリスだけではなく、世界中の経済学者、政策担当者はイギリスの安定した通貨を見て、「金本位信仰」を持つようになったのである。

当時の世界経済の覇者イギリスが採用した金本位制を、世界各国が追随して採用したため、国際経済のスタンダードなシステムになっていったのである。

しかし、金本位というのはそれ自体に大きな落とし穴があった。

金本位制が当初は国際経済の中でうまく機能していたのは、それが「イギリスの黄金時代」に重なっていたからである。

当時は、イギリスが圧倒的に世界の金を所有していた。

イギリスは本来小さな島国である。この島国は資源も少なく、農地も狭いので、世界中から物品を輸入する。そのため、イギリスの金は世界中にばらまかれる。

その一方で、イギリスは、世界の工場として工業製品を世界中に売りまくる。その代金として、金が入ってくる。

世界一の経済大国が、ダイナミックに輸出と輸入をする。このような循環があって、初めて国際的な金本位制は機能していたのである。

しかし、アメリカが世界の金の大半を保有するようになって、この機能は完全に失われていくのである。

アメリカは、資源大国であり、農業大国でもあり、工業大国でもあった。この国は、他国からそれほど輸入は欲していない豊かな国である。そういう国が、世界の金を一人占めしてしまうと、もうなかなか外には流出しないことになる。

ヒトラーとケインズの戦時経済論

ヒトラー政策とケインズ理論の類似は、戦時経済にも及んでいる。

第二次大戦が始まった１９３９年11月14日、ケインズはイギリスの新聞『ザ・タイムズ』に、戦時経済についての論文を発表し、翌年『戦費調達論～大蔵大臣に対するラディカルな計画～』として小冊子にまとめられ出版された。

このケインズの戦費調達論というのは、次のような内容だった。

戦時期になると、軍事需要が激増するため、供給が追いつかない状態になり、激しいインフレを起こしかねない。インフレを起こさないためには、増税をするということが方法としてはまず考えられる。しかし、増税をすれば、兵士、国民に負担がかかる。

ではどうすればいいか？

国民に強制的に貯蓄をさせて需要を抑制し、戦争が終わった後にその需要を吐き出させればいい。

つまり戦争中は、国民にお金を使わないように我慢させ、それを戦費に充《あ》てる。そして我慢した分は貯金として蓄積されるので、戦争が終わった後にそれを使うことができる、というわけだ。

これも、ナチスはそのままのことを実行している。

ナチスは、国民に強制的に貯蓄させたわけではないが、貯蓄を大々的に奨励し、国民が貯蓄をするように誘導する制度を作っていた。

貯蓄をすれば、その分が所得税の対象からはずされたのである。

1日1マルク、週給のものは6マルク、月給のものは26マルクを国の作った共済に積み立てれば、この積立金は所得税の対象収入から除外され、利子にも税金がかからなかったのである。

これは国民にとって非常にメリットがあったので、強制加入ではないのに、加入者は400万人以上に達し、1942年の時点で総額は650億マルクにもなった。

この制度は、定期預金と同じように期間が定められて、満期になるまでは引き出せない。つまりは、戦争が終わるまで、この貯金は戦費に充てられたのだ（ただし利子は引き出すことができた）。

またこのほかにも、ナチスはさまざまな形で貯金を奨励した。1938年から1942年の間に、個人貯金は4倍になって446億ライヒスマルクになった。

ヒトラーは、まさにケインズ理論をそのまま行なっていたのである。

しかし、このケインズの戦時経済論は、その理論通りにはいかなかった。

第二次大戦では、戦勝国も敗戦国も、あまりに国力が疲弊したため、戦後はアメリカを除くどこの国も物資不足に陥った。

物が少なくなれば、物の値段は上がる。だからアメリカ以外の各国は激しいインフレに襲われ、せっかく貯金していたお金も価値が激減してしまったのだ。もちろん、敗戦国のドイツ人がしていた貯金などは、枯葉ほどの価値にもならなかった。

戦争というのは、どんなに経済をうまく操《あやつ》っても、世界経済に損失を与えるということであろう。

マネーゲームの禁止

ヒトラーとケインズの経済思想で、共通しているものに、「マネーゲームの規制」がある。両者は、投機などのマネーゲームに対して否定的な考えを持っていた。

ナチスの党綱領11条には、「利子隷属制の打破」というものがある。これは、ナチスの党綱領の中でも柱であるとされるもので、投機などで利益を得ることを規制するものだった。

1940年11月、ベルリンの軍需工場での演説で、ヒトラーはこういうことを述べている。「私は配当なるものには一切関心がない。われわれはこれに限度を設定した。現在の自由主義社会の人々は、すぐにこう言うだろう。『それは自由へのテロになりますよ』と。その通り、われわれは社会を犠牲にしてまで儲けようとする自由に対してテロを行ない、もし必要ならば、われわれはそれを排除することを、あえて辞さないのである」

マネーゲームの規制というナチスの思想には、世界的に有名な財政家シャハト（詳しくは

P・93）も共感している。シャハトも次のように述べているのだ。

「もしある人が若い時代に一生懸命働き、せっせと節約して老後にいたってその慮金《りょきん》によって静かに余生を送っているのなら、誰も非難するものはない。彼の周囲にいるものは常にいうだろう。『この人はその財産を自分自身で稼ぎ貯めたのであるから、年を取った今日、それを享楽する権利がある』と」

「大衆にとって理解しがたいことは、現在働きもせず、過去に働いたわけでもないものが、投機によって収入を得ていることである」（『防共ナチスの経済政策』H・シャハト著・刀江書院）

世界的な金融の権威者であったシャハトも、マネーゲームは悪だとしているのだ。

またナチスは、投機だけでなく利子所得だけで生活しているようなものに対しては、高額の税金を課したり、公債の購入を義務付けるなど厳しい規制を敷いた。党の綱領でも、不労所得の撤廃ということが、明示されている。

ドイツがハイパーインフレを起こした本当の原因

ヒトラーやナチスが、マネーゲームに関して厳しく否定的な態度を取ったのも、ドイツは過去、マネーゲームで非常に痛い思いをしたからなのである。

というのは、かの第一次大戦後のハイパーインフレの最大の要因が、マネーゲームだったのである。

ドイツのハイパーインフレは、ベルサイユ条約での多額の賠償金と、第一次大戦中にドイツが負った戦債、それと賠償金不払いを理由にしてフランスがドイツのルール工業地帯を占領したこと、などが要因とされることが多い。

しかし、考えてみてほしい。

ドイツのハイパーインフレというのは、対ドルの価値が1兆分の1になるという天文学的な数字なのである。いかに過酷なベルサイユの賠償金だったとはいえ、国家財政の1兆倍もの賠償を求めたわけではない。また戦債にしろ、そのような天文学的な数字のものだったわけではない。

第一次大戦後のドイツは、たしかに激しいインフレが続いていたが、当初から天文学的なレベルだったわけではなかったのだ。

なぜ天文学的なインフレになったのかというと、インフレに乗じてひと儲けしようとした輩《やから》が続出したために、インフレが急加速し、その結果天文学的な数字になってしまったのである。

インフレのときは、お金を借入して、モノを買うと儲けることができる。たとえば、１万円借りて、すぐに１万円の物を買う。するとすぐに物の値段が上がるので、それを売ると、たちまちにして大きな儲けになる。

またインフレ時には借り入れた１万円は、すぐにただのような金額になってしまうので、簡単に返すことができる。これを繰《く》り返せば、濡れ手に粟で莫大な利益を生むことができるのだ。バブル期の日本の土地ころがしと似たような仕組みである。

第一次大戦後のドイツでは、インフレが進むにつれ、そのような投機的な行動を行なうものが増えていった。ドイツ帝国銀行の手形割引（貸しつけ）は、１９２２年から１９２３年にかけて、天文学的な数字に膨れ上がっている。

つまり、この機《き》に乗じて、ひと儲けをたくらんだ人間のために、壊滅的なインフレが生じてしまったのである。

また、このハイパーインフレを収拾するために行なったレンテンマルク（１レンテンマルクは１兆マルクと同価値を持つ）の移行のときには、一定期間すべての融資を禁止した。

そのため、インフレが収まったのである。つまり、マネーゲームさえなければ、ドイツのインフレはここまでひどくはならなかったのである。

ヒトラーは、このことを十分に知っていた。

ヒトラーは、側近に次のようなことを述べている
「通貨安定の本質的な要素は強制収容所に見ることができる。相場師を封じ込めておけば通貨は安定するのだ」

「インフレは克服できたはずである。まず戦時債権の利子支払いを差し止め、次に戦争で儲けた恥知らずな連中に重税をかける。私ならこういう連中に無理やり有価証券を買わせるところだ。ちゃんとしたドイツ通貨で支払わせ、証券は30年か40年ほど凍結しておくのである。そもそも彼らの200%とか300%にもなる利益配当のおかげで、われわれの戦時債権がここまでになったのではないか?」

このようにヒトラーは、第一次大戦後のハイパーインフレは、マネーゲームや戦時利得者の責任だという認識をしていたのだ。

そして、このマネーゲームで大儲けをした者の中には、ユダヤ人資本家が多数含まれていた。当時のドイツ経済では、ユダヤ人が大きな資本力を持っていたからだ。このことが、ナチスがユダヤ人迫害政策を行なう要因の1つともなったのだ。

ケインズも「マネーゲームは規制すべき」と考えていた

ケインズもヒトラーと同じように、マネーゲームに対しては否定的な考えを持っていた。そして「資本の移動は規制すべき」ということを、たびたび述べている。

「自由放任の経済原則を捨て、貯蓄と投資を規制しなければならない」

このようなことを、ケインズは『ネーション』誌や著書『貨幣改革論』の中で何度も述べている。ケインズはなぜ「マネーゲームを規制すべき」と述べているのか？

当時のイギリスも、実はマネーゲームによって大きな打撃を被っていた。ケインズの考えは、当時のイギリスの苦境を表わしているものでもあるのだ。

当時のイギリスでは、資本家は少しでも利益を上げるために、国内には投資せずに、海外の植民地にばかり投資していた。

イギリスの金持ち、資本家は、わずかな利益を求めて、世界中でマネーゲームを繰り広げていたのだ。かつてイギリスが世界中から稼いできた富の多くは、それによって世界に分散されてしまったのだ。

そうすると、どうなるか？

イギリスは世界一の植民地を持つ超大国にもかかわらず、20世紀に入ると、貿易の輸入超過が続き、本国には失業者があふれてしまった。

かつて「世界の工場」と言われたイギリスは、設備の老朽化が目立ち、工業製品の国際競争力は目に見えて落ちていた。イギリスの主要産業だった紡績業でも、１９３０年代には日本に追い抜かれているのである。

つまりイギリスの金持ちや資本家が、母国に投資をしなくなったために、イギリスは衰退していったのだ。

これを見ていたケインズは、「無秩序な資本の移動は、許すべきではない」と考えたのだ。

「投資家ばかり保護するのはやめろ」と、ケインズは言った

前述のようにナチスは政権発足以来、金本位制ではなく管理通貨制を敷いていた。

「金本位制こそが最上の通貨政策」と信じられてきた当時の世界では、管理通貨制は異端な方法だった。

しかし金本位制からの離脱は、ナチスのはるか以前にケインズが主張してきたことでもある。

つまり、この異端の考えを最初に世間に広めたのがケインズだったのだ。

ケインズは第一次大戦後すぐに、金本位制をやめて管理通貨制に移行するように、イギリス政府に提言してきた。

イギリスは第一次大戦時に一時、金本位制を離れたが、戦後に金本位制への復帰を目指していた。

ケインズは、それを激しく批判した。

ケインズは金本位制の欠陥を見抜いていたからだ。

「政府のやろうとしている金本位制復帰は、投資家を優遇するばかりで、国民のことを考えていない」

ケインズはそう主張したのである。

当時、イギリスが金本位制に復帰すれば、資産家、投資家の資産は守られるが、労働者には、多大な損害が出るようになっていた。ケインズはそれをもっとも懸念していたのだ。

というのは、当時の経済状況で、イギリスが戦前の平価《へいか》で金本位制に復帰すれば、ポンドは現状よりも10％高く評価される。

それは資産家（金持ち）にとって有利であるが、国民にとっては不利である。

資産家は、ポンドが高いほうが自分の資産が目減りしないので有利となる。

また資産家は、海外投資の際には、為替が安定することを何よりも望む。金本位制に復帰すれば、ポンドの価値は金に固定されるため、為替は安定する。

しかし、ポンドが高くなれば、輸出が振るわなくなって不況になり、労働者などが大きな被害を被る。

つまり、「金本位制に復帰して利益を得るのは資産家階級であり、労働者階級にとっては失業などで負担が増す」と、ケインズは分析した。

だからケインズは、金本位制に復帰せず、国内の物価が安定するように国家が通貨を管理する「管理通貨制」を敷くように提言したのである。

これと似たようなことは、実は１９９０年代以降のアメリカにも言えることなのである。90年代以降のアメリカは、貿易赤字が続いているのに、ドル高政策を採ってきた。ドル高にしていれば、ドルで資産を持っている国内資産家の財産は守られ、ドルで投資をする人も有利になる。つまりアメリカは、資産家と投資家を守るために、ドル高政策を続けていたのである。

その一方で、輸出は振るわなくなり、国内の産業は衰退してしまう。だから90年代以降のアメリカは、産業が衰退しているのに、投資だけが活発化していたのである。リーマンショックの一因はここにもあるのだ。

ケインズは労働者の味方だった

ケインズの主張もむなしく、イギリスは１９２５年、戦前の平価で金本位制に復帰する。このとき、金本位制を強力に推し進めたのは、時の大蔵大臣を務めていたチャーチルだった。

ケインズは、チャーチルに対して激しくかみついた。

ケインズは、『イヴニング・スタンダード』誌で、チャーチルを痛烈に批判する文章を書いた。その内容は次のようなものである。

「ポンドが平価で金本位に復帰すれば、ポンドの今の実力よりもかなり割高になる。そうなると輸出品が打撃を受ける。輸出企業は輸出品の値段を下げるために、労働者の賃金を下げるかもしれない」

「しかし労働者は、賃金を下げられるいわれはない。労働者は、大蔵省やシティ（イギリス最大の金融街）の犠牲にされるいわれはないのだ」

そしてケインズの懸念する通り、輸出業者は輸出品の値段を下げるために、労働者の賃金をカットしようとした。

特に炭鉱業では、大規模な賃金カットが行なわれようとした。当時、石炭はイギリスにとって重要な輸出品だった。石炭産業は人件費の割合が非常に高いので、まっさきに人件費カットの対象となったのだ。

この炭鉱業の賃金カットに対して、労働者側は激しく抵抗した。1926年、イギリス中の組合が総動員されたゼネストが行なわれた。このゼネストは、イギリス史上もっとも激しいとされるものだった。

ウィンストン・チャーチル（毎日新聞社）

当時の保守党政府は、このゼネストを潰《つぶ》しにかかった。チャーチルが陣頭指揮に立ち、武装警官を動員して、労働者側を厳しく追い詰めた。

イギリスの知識人のほとんどは、共産主義への恐れからこのゼネストを批判したが、ケインズは労働者の援護の姿勢を崩さなかった（ただしケインズは、労働組合が傾倒する共産主義思想には、まったく向かなかった。あくまで今回の賃金カットは不当である、ということで労働者に理解を示しただけである）。

ケインズが労働者の味方だったということは、あまり語られることがない。

ケインズといえば、小難しい経済理論ばかりがイメージされ、こういう面はほとんど顧《かえり》みられることはない。

しかし、彼は終始一貫して「底辺の人々が困らないようにするにはどうすればいいか」ということを模索しつづけた人なのである。

ヒトラーはケインズ理論を知っていたのか？

これまで見てきたように、ヒトラーの経済政策はケインズ理論を踏襲したようなものが非常に多い。となると、ヒトラーはケインズ理論を知っていたのか、ということが気になるところである。

実際のところヒトラーは、ケインズ理論を知っていたのだろうか？

時系列から見れば、微妙なところだともいえる。

ケインズの失業対策理論をまとめた書籍『雇用・利子および貨幣の一般理論』は、1936年に発表されたものなので、1933年から始まったナチスの公共事業政策のほうが早いということになる。

しかし、ケインズは、1924年にはすでに、失業問題を解消するために大規模な公共事業を行なうべき、という論文を発表している。

ケインズの失業対策に関する理論は、世界的にもかなり知られており、各国にケインズ理論を信奉する経済学者や政治家なども多かった。アメリカの「ニュー・ディール政策」もそのような官僚たちによって企画されたものである。

ヒトラーや、シャハトをはじめとするナチスの経済担当者たちが、この理論をまったく耳にしていないはずはないといえるだろう。

ヒトラーは非常な読書家でもあり、なんらかの形でケインズ理論を知っていたということは、考えられることである。当時は、失業対策、恐慌対策をだれもが模索していた時期でもあるので、特にそういう情報には敏感だったはずだ。

ヒトラーがケインズの著作を熟読したかどうかまではわからないが、少なくともある程度の知識はあったはずだと考えるのが自然だろう。

第3章

ヒトラーはケインズ理論の優等生

なぜナチスはニュー・ディール政策より成功したのか

前章では、ヒトラーの経済政策が、ケインズ理論を忠実に実行しているものだということを紹介した。

ケインズ理論というと、アメリカの「ニュー・ディール政策」が、代名詞のようになっている。

しかしこのニュー・ディール政策の評価は、実はそれほど芳《かんば》しくない。

ニュー・ディール政策を開始して5年後の1938年の時点で、アメリカには、まだ800万人近くの失業者がいた。アメリカ経済が世界恐慌前の水準に戻るのは、1941年のことである。アメリカが本当に不況から脱出したのは、第二次大戦が始まって、軍事需要が高まってからと見られることも多い。

だからケインズ理論というのは、ニュー・ディール政策において、はたして役に立ったのか立たなかったのか今でも評価が定まっていないし、アメリカはその後、経済政策でケインズ理論を実行することはあまりなかった。

しかし、ナチスはニュー・ディール政策と同時期にケインズ理論を大胆に取り入れており、こちらのほうは大成功しているのだ。

前述したように、ナチス・ドイツは、政権を取るや否《いな》やアウトバーンなどの公共事業を積極的に行ない、わずか3年で600万人もいた失業者を100万人程度にまで減少させ、世界恐慌以前の1928年の状態にまでドイツ経済を回復させた。1936年の実質国民総生産は、ナチス政権以前の最高だった1928年を15%も上回っている。

なぜニュー・ディール政策は失敗し、ナチスは成功したのか?

そこに、ヒトラーの経済政策の真髄《しんずい》がある。

ヒトラーの経済政策は、ケインズ理論をそのまま実行しただけではなく、さらに独自の工夫を加え、効果を上げたのである。

それが、「ナチスだけがケインズの果実を得ることができた」要因でもある。

この章では、同じようにケインズ理論を実施しながら、なぜニュー・ディール政策はそれほど効果が上げられなかったのか、その一方でナチスだけが効果を上げることができたのか、それを検証していきたい。

ナチスを支えた財政家シャハト

ナチスの経済政策の独創性を語るうえで、欠かせない人物がいる。

ナチス初期の経済政策を担当したヒャルマール・シャハトである。

ヒトラーの経済理論は、シャハトの影響が非常に大きい。このシャハトがさまざまな工夫を凝《こ》らした経済政策、金融政策を行なったことが、ナチス前期の経済政策の成功につながっているからだ。

本書では、この後、シャハトの発言の引用なども増えてくる予定である。なので、シャハトについてここで一通りの紹介をしておきたい（シャハトについては、拙書『ヒトラーの経済政策』で詳しく述べているので、ここでは簡単な紹介にとどめたい）。

ホレイス・グリーリ・ヒャルマール・シャハトは、1877年の現在デンマーク領であるティングレフで生まれた。経済学の博士号を取得したのちドレスナー銀行に入行し、1916年にはドイツ国立銀行理事に就任した。

シャハトは、銀行家時代の1923年に、第一次大戦後のドイツのハイパーインフレを収束するための計画「レンテンマルクの導入」の責任者に任命され、見事その役割を果たした。

第一次大戦後のドイツでは、ベルサイユ条約の莫大な賠償金などで、天文学的なインフレが生じていた。そのインフレを収束させるために、1兆マルクと同価値をもつ「レンテンマルク」を導入し、社会の混乱を防ごうとしたのだ。

銀行家として名を馳《は》せていたシャハトは、通貨に関する一切の権利を自分に集中させることを条件に、この大役を引き受けた。シャハトは、レンテンマルク導入時、あらゆる貸出しを禁止させるなどの細心の注意を払って、この計画を遂行し、大成功をおさめた。

シャハトは、その後、ドイツ帝国銀行総裁に任命され、ドイツの金融政策上の最高権力者となった。

しかし、1930年秋、世界恐慌の騒乱の中、シャハトはドイツ帝国銀行総裁を辞めてしまった。ベルサイユ条約の賠償金問題で、連合国側と交渉がうまくいかなかったため、抗議の意味をこめて辞任したのである。

その時期に、シャハトはヒトラーに出会う。

当時、ナチスは勃興期にあった。シャハトはベストセラーであるヒトラーの著書『わが闘争』を読み、深く感銘を受けていた。やがて、ナチスの幹部ヘルマン・ゲーリングのパーティーに招かれ、そこでヒトラーと出会うのだ。

以降、ヒトラーとシャハトは急速に接近していった。双方にとって、この結託はメリットがあった。ナチスにとって、「レンテンマルクの奇跡」を起こした国民的財政家を陣営に引き入れることは、願ってもないイメージアップとなる。

しかも、ナチスには経済の専門家がいなかったので、シャハトがナチスに協力してくれるなら、これほど心強いことはない。

また当時のシャハトは、ドイツの経済界から疎《うと》んじられており、ナチスと接近することは、彼自身の復権のチャンスでもあった。シャハトは、ドイツの経済再建には、自分の力が必要だと強く自負していた。そして、ナチスをうまく利用すれば自分がドイツの経済政策を担《にな》うことも可能だと考えたのだ。

その思惑通り、ナチスの前半期はシャハトが経済政策を担当することになった。シャハトは、しかし、ナチスには入党しなかった。「ナチスとは共闘するが、全面的に賛意を持ったわけではない」ということである。ヒトラーも、シャハトがナチスに入党しないにもかかわらず、その能力を見込んで重用したのだ。

ナチスの当初の経済政策は、シャハトの発案によるものが非常に多いのである。

しかしシャハトは、ナチスが軍事侵攻を始める直前の1937年、政権から離れる。軍備の過剰な拡張に反対し、ヒトラーにたびたび苦言を呈《てい》したからである。そして1944年には、ヒトラー暗殺グループに関与していたとしてゲシュタポに逮捕され、軟禁状態のまま終戦を迎える。

戦後シャハトは、連合国がナチスの戦犯を裁くニュルンベルク裁判では無罪となったが、非ナチ化裁判で労働奉仕８年の刑を受け、１９４８年９月まで服役した。釈放後はデュッセルドルフ銀行に入り金融界に復帰し、その後、インドネシア・エジプトなど発展途上国の経済・財政に関するアドバイザーとなった。

金本位制に代わる新しい金融システム

前項で紹介したシャハトのナチスにおける最大の功績は、公共事業、再軍備の費用を捻《ねん》出《しゅつ》したということである。

というのも、当時のドイツ経済は破綻寸前に陥っており、政府の財政も火の車だったのだ。ドイツは、１９２９年の世界恐慌前後に、金や外貨が大量に流出し、金融危機に陥った。それが、６００万人もの大量失業にもつながったのである。

そんな中で、多額の公共事業費、再軍備費を捻出するのは、おいそれとはできなかったのである。

ナチスが政権を取ると、帝国銀行総裁と経済相を兼ねたシャハトは、労働債などを発行し、金融危機から脱した。

労働債というのは、労働力を保持している事業者が、その労働力に応じて手形を発行するものである。その手形は、自治体などが受け取り銀行で割り引いてもらえることになっていた。その金を使ってナチスはアウトバーンなどの公共事業を行なったのである。

労働債とは、結局のところは国債である。

財政が厳しい中、国債を発行するのは、よほどの勇気がいることである。しかも当時は、今以上に「財政赤字」ということに、警戒感が強い時代だったのだ。戦争をしているわけではないのに、財政を赤字にするのは、もってのほかという雰囲気があったのだ。

そして、国債を発行すると、インフレが生じるという危険性もある。

特に、1920年代にハイパーインフレを経験したばかりのドイツにとって、インフレはもっとも忌《い》み嫌われるものだったのだ。だから、その難《なん》を顧《かえり》みず、国債を発行したシャハトの功績は大きいのだ。

この労働債のおかげで、ナチスは思い切った公共事業を行なうことができたのだ。しかも、この労働債発行では、インフレはほとんど起きなかった。

労働債はドイツ帝国銀行が保証しており、また労働力という裏付けもあったので、国民は、労働債の発行に不安を感じなかった。そのためインフレも起きなかったのだ。

無作為に国債を発行するのではなく、ドイツの労働力を担保にする、としたところに、シャハトとナチスの最大の工夫があったのだ。

ナチス・ドイツはこのほかにも租税債（この債券を持っていれば納税をする代わりになる）や、納品債（商品を生産した量に応じて発行される手形）など多様な債券を発行して、それによって国家による信用創造をして、経済を活性化させた。

ヒトラーはケインズの乗数効果を実証した

ケインズの失業対策理論には、「乗数効果《じょうすう》」というものがある。

政府が投資をして、雇用（有効需要）を増やせば、雇用された労働者は、そこで得た収入を使う。

労働者がお金を使えば、それがまただれかの収入になる。その収入はまたどこかで使われるので、さらにだれかの収入になる。

そのようにして、需要が乗数的に喚起され、景気が上向くという理論である。

しかし、この乗数効果は現実には実証されたことがほとんどない。

アメリカのニュー・ディール政策でも、乗数効果らしき需要の喚起は見られなかった（つまり景気はそれほど上向かなかった）。またバブル後の日本の大公共事業政策でも、乗数効果はほとんど生じなかったとされている。

だから現在の学説では、「ケインズの乗数効果というのは迷信である」と見るものも多い。

最近の学説では次のように述べ、ケインズの乗数効果を否定している。

「政府が投資をして、雇用（有効需要）を増やしたとしても、それは税金で賄《まかな》われるわけなので、結局は国民からとったお金を、国民に返すだけである。だから、国民の所得を減らした後に、増やすだけなので、総量としては変化がなく、消費が増えるわけではない」

つまり、公共事業を行なっても、国全体からみれば消費が増えることはない、つまりは、乗数効果などない、ということである。

しかしこのような懐疑論に反し、ナチス・ドイツは、ケインズの乗数効果を見事に実証しているのである。

ナチスでは、アウトバーンなどの公共事業を始めると、労働者が給料で衣服などを買うことができるようになったので、衣料業界が活況を呈し始めた。

衣料業界が活況になると、衣料業で働く人の収入も増え、それにつられて各産業が活発化するようになった。ナチスだけが、ケインズの乗数効果の果実を受け取っているのである。

ヒトラーの公共事業には独特の工夫があった

なぜ、ナチスの公共事業にだけ乗数効果が現われたのか？

ケインズの乗数効果理論というのは、それだけでは実は言葉足らずだったのである。

というのも、ケインズは公共事業を増やしさえすれば、乗数効果が上がるというような言い方をしている。

しかし、ただ単に公共事業を行なうだけでは、乗数効果はそれほど上がらないのである。公共事業にある工夫をしなければならないのだ。

それは、主に２つの方法である。

１つは、大企業、高額所得者に増税をし、それを公共事業に充てるということである。

そしてもう１つは、公共事業費は労働者に厚く分配するということである。

つまりは、大企業、高額所得者の資産を減らし、それを労働者に分配する、そうすることで初めて、乗数効果が生じるのだ。

事実、ナチスは、公共事業の財源として大企業に増税した。

まず１９３４年末に、配当制限法という制度が導入された。これは企業に６％を超える剰余金があった場合、配当は６％までしか出してはならず、残額で特別公債を購入しなければならないというものだ。この特別公債は4年間償還できず、貧困者救済資金、建築資金に充てられることになっていた。

また通貨の暴落で利潤を得た企業や、戦争で利潤を得た企業は、その利潤をすべて徴収された。さらに1935年の8月には、法人税が引き上げられている。

そして、累進課税を敷いて高額所得者にも増税をした。

大企業や、高額所得者というのは、多額の貯金を持っている。それを吐き出させ、労働者の賃金の原資としたのである。

ケインズは、所得のうち消費性向が高くなれば、乗数効果が上がるとしている。つまり、所得のうち、消費に回す分が大きいほど、社会に与える経済効果は大きいということである。

ということは、金持ちの貯金を取り崩し、それを労働者に与えて消費を増やすならば、社会全体で考えれば、「貯金を減らして消費を増やす」ことになる。これは別に難しい理論ではなく、単純に金の流れを考えれば理解できるはずだ。

つまり「国民の税金を国民に使う」公共事業は、必ずプラスマイナスゼロになるのではなく、やり方によっては、社会全体の消費を喚起することもできるのだ。

なぜニュー・ディール政策や日本の公共事業が、乗数効果を上げられなかったかというと、

ただ単に公共事業をしたとき

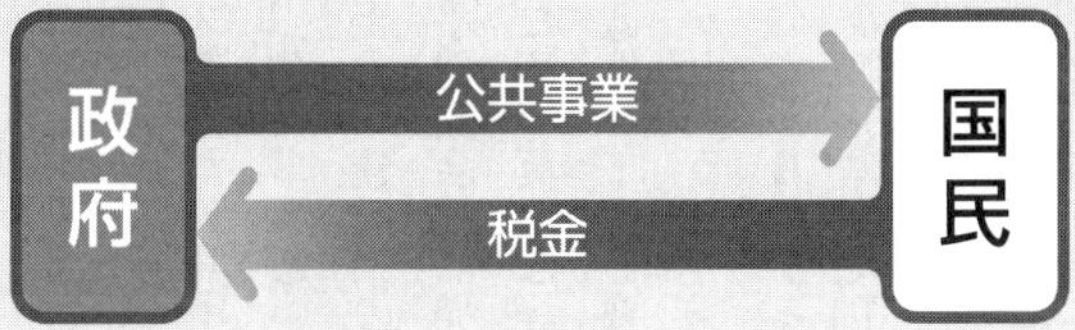

国民全体の収支に変化はないので、消費が増えることもない。

金持ちから税金を取り、低所得者向けの公共事業をした場合

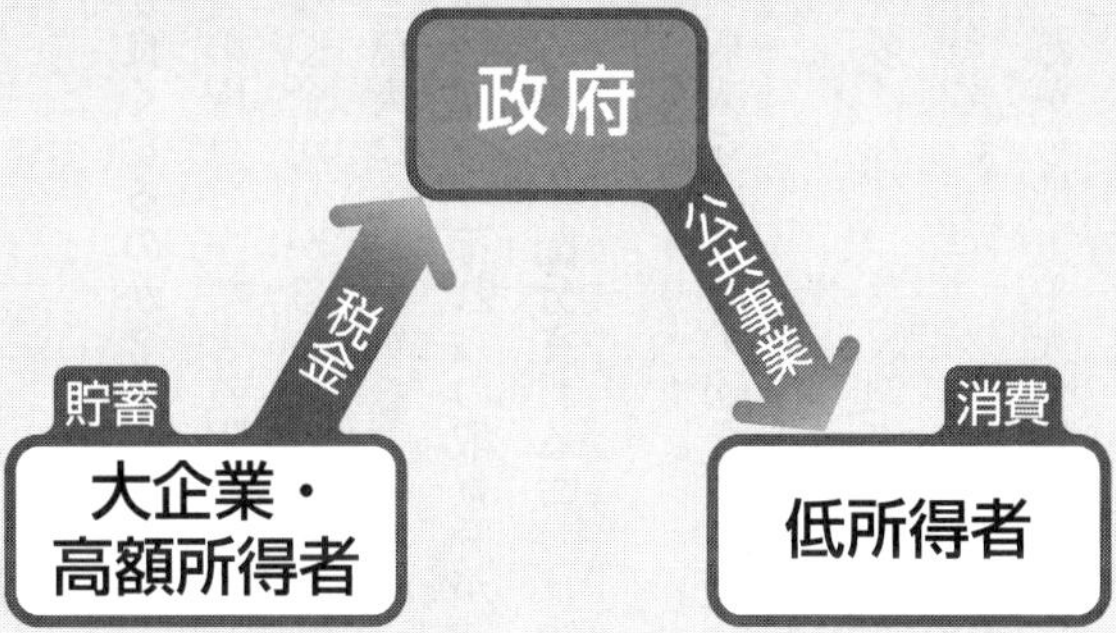

大企業や高額所得者から税金を取っても、彼らの貯蓄が減るだけなので、消費は減らない。
低所得者の収入が増えると消費が増える。
国民全体としては、貯蓄が消費に回るので経済が活性化する。

この点の配慮がなかったからである。

労働者の取り分を厚くすると、なぜ景気が良くなるのか？

ナチスはまた公共事業において、労働者の取り分をできる限り厚くしていた。

普通、公共事業というのは、とてつもなく金がかかるものである。

特に土木、建設系の公共事業を行なうと莫大な金がかかる。多額の土地の取得費がかかるし、大手建設会社に発注しなければならないので、それらの取り分が非常に多いのだ。

そのため、莫大な経費がかかる割には、労働者に配分されるお金は少ない。それが、乗数効果を低くしている要因でもあるのだ。

なぜかというと、乗数効果というのは、収入を得たものがそれを使ったときに初めて発生するものだからである。

土地の取得費や大手建設会社の取り分が多ければ、乗数効果はあまり期待できない。地主や大手建設会社は、すでに多くの資産を持っているので、公共事業での収入が入ったからといって、それをすぐに使うわけではない。だから地主や大手建設会社に多く払っても、消費はあまり増えることはないのだ。

乗数効果を高めたいならば、労働者に多くを分配しなければならない。公共事業で雇われた労働者というのは、それまで失業者だったわけなので、もらったお金はすぐに使ってしまう。

だからこそ、乗数効果が期待できるのである。

ナチスは、公共事業を行なうに当たって、土地の取得費は極力抑え込んだ。

土地に関する新しい法律を作って、「公共事業で土地を収用する場合は、公共事業が決定した時点での時価を基準にする」としたのだ。つまり公共事業が決定した途端に、土地を買い占め、土地の値上がりによって、不動産業者がひと儲けするというようなことを防いだのだ。

またナチスは公共事業を受注する建設業者に、ナチス党員を送り込み、業者が収益を上げすぎず、労働者にきちんと分配されるように監視した。その結果、公共事業費のなんと47％が労働者に分配されたのである。

これは、公共事業費としては驚くべき高い分配である。

ナチスの公共事業は、なぜ既得権益化しなかったのか？

公共事業政策の欠陥の1つに、「公共事業が既得権益化してしまう」ということがある。公共事業を請け負う企業にとって、公共事業を受注することが仕事のほとんどになって、これをやめてしまえばたちまち行き詰まってしまう。行政側もそれを知っているので、なかなか公共事業をやめられなくなる。

建設業者は、政治家や行政側に賄賂《わいろ》を贈り、公共事業をなんとかつなぎとめようとする。政官と業者が癒着することで、公共事業はさらにやめられなくなってしまう。1990年代の日本の公共事業は、その典型的な例である。

しかし、ナチスの公共事業は、そうはならなかった。ナチスの初期には、巨額の公共事業費を計上したが、その後は年々減少していった。ナチスの後期には、アウトバーンの建設に従事する業者や労働者が不足するということさえ生じていた。なぜナチスの公共事業は日本のようにならないですんだのか？

この答えは簡単である。ナチスの公共事業は、建設業者や労働者にとって、それほど美味《おい》しいものではなかったのだ。ナチスは、公共事業をするに当たって、費用をギリギリまで切り詰めたからだ。

なので、不景気で仕事がないときにはありがたいものだが、景気が上向いてくると、割のいい仕事ではなくなってくるので、業者や労働者は他の仕事に向かい出すのだ。

またナチスは、公共事業者に党員を派遣し、建設業者が無闇に利益を上げないように、また行政に対して賄賂などをしないように常に監視していた。

一方、日本の公共事業の場合、その仕事は業者にとってとてつもなく美味しいものだった。業者にとって民間相手の仕事をするよりも、公共事業を受注したほうが、楽であることは当たり前。なので公共事業受注者たちが、すっかり公共事業に甘え切ってしまい、景気が上向いても、公共事業から脱出しようとしなかったのだ。

「社会不安を取り除く」という経済政策

ケインズの著した『一般理論』には、「悲観の誤謬《ごびゅう》」という言葉が出てくる。

「悲観の誤謬」というのは、不況になって人が悲観的に物事を考えるようになると投資が冷え込み、ますます経済が停滞してしまう、ということである。

簡単に言えば、不況になると人は「今後ますます不況になるんじゃないか」と心配して金を使わなくなる。そのため経済が収縮し、ますます不況になるということである。

ヒトラーはその経済政策の中で、「悲観の誤謬」を排除するような配慮も随所に見せている。

たとえば、ヒトラーは政権を取ってすぐに、巨額の公共事業を一気に行なった。下手《へた》に出し渋りをすることなく、である。このことは国民に対する心理的影響が非常に大きかったといえる。

「これからドイツは経済復興するのだ！」という期待が高まる。そうすると、財布の紐《ひも》も緩《ゆる》くなり、お金を使うことも増える。それが経済効果をもたらすのである。

多額の公共投資を行なったとしても、小出しに時間をかけて行なってしまうのならば、国民の心理に与える影響はあまり大きくない。

ニュー・ディール政策がその典型である。

ニュー・ディール政策を行なったルーズベルト大統領は、自身が経済政策に疎《うと》いこともあり、経済閣僚の意見を取り入れてニュー・ディール政策を採用したものの、最後まで懐疑的だった。そのため、思い切った公共投資を行なうのは、ニュー・ディール政策を開始して数年経ってからのこととなってしまう。だから、アメリカ国民としては、なかなか景気回復の実感が持てず、経済効果も薄かったのである。

マスコミ操作のうまさ

ヒトラーの国民心理を考えた政策には、宣伝省の設立も挙げられる。ヒトラーは政権を取ると、すぐさまこれまでになかった宣伝省という省庁を新しく作った。

ナチスの宣伝省というと、軍国主義を煽《あお》るメディア戦略をしたとして、悪の権化のように語られることが多い。しかし、ドイツの経済復興において、ナチスの宣伝省の果たした役割はことの外大きい。

宣伝省は、ナチスの経済政策を逐一国民に知らせていった。

たとえばアウトバーンが着工するときは、ヒトラーが参加した起工式を新聞やラジオで大々的に報道した。宣伝省は、オーバーな表現によって、ドイツ経済が復興していることを国民に印象づけたのだ。

そのためドイツ国民の消費は回復し、事業家は貯め込んでいる資金を吐き出して、事業を拡大するようになった。

それがドイツ経済が急激に回復した要因の１つでもあるといえる。

ナチスが克服した「悲観の誤謬」について、現代のわれわれも配慮するべきではないか、と思われる。

不況になるとマスコミはこぞって、不況感を煽りたてるような記事ばかりを発信するようになる。

もちろん、報道の自由は保障されるべきだが、国民心理に与える影響は、しっかりと配慮すべきではないだろうか？

嘘を報道しろとか、事実を隠せとは言わないが、悲観的な内容ばかりを報じると、ますます不況になるということを、報道機関は肝《きも》に銘《めい》じておくべきだろう。

ヒトラーのマスコミ操作というのは、悪い面ばかりが取り上げられるが、「国民を幸福な気持ちにした」という点では、もっと評価されるべきではないだろうか。後世のわれわれも利用できる部分は利用したほうがいいはずである。

有効需要を「作る」のではなく「分配」する

これまで述べてきたように、ヒトラーはケインズ理論の有効需要創出をものの見事にやってのけてきた。

そして、ヒトラーは、有効需要を創出するだけではなく、今ある有効需要をうまく分配しなおすことも行なった。それにより失業を減らし、社会を安定させたのである。

その第一に挙げられるのが税金政策である。

ヒトラーは、「労働者に対する救済金には税金をかけない」「低所得者の税金を軽減する」「家族が多い者には税金を軽減する」というような、労働者や低所得者層に対して大減税を行なった。

そして前述したように、大企業や高額所得者には、増税を敢行している。

これは、国の富を大企業や高額所得者から、労働者や低所得者に移したということである。いわゆる税金における「富の再分配」を果たしたのである。

ほかにも、限られた富が国民にうまく分配されるような政策を、ヒトラーは幾つも実行している。

たとえば、メイドを雇えば所得税を減税するという制度を作った。この制度によって、少し所得に余裕のある人はメイドを雇うようになった。そうすれば、１人の収入が、また別の人（メイド）に分配されることになる。

また家の改築や修理を行なう者にも、減税をした。これにより建設業の需要を増やすことに成功したのである。

ナチス式ワーク・シェアリング

昨今、欧州を中心に「ワーク・シェアリング」というものが注目されている。

ワーク・シェアリングというのは、今ある仕事を何人かで分け合うことによって、全体の雇用を増やすというものである。

ワーク・シェアリングとは、つまり「有効需要」を分け合うということである。

ナチスは、このワーク・シェアリングにも先鞭をつけた政権ということがいえる。

ナチスは、休日労働の廃止、有給休暇の制定、8時間労働の順守を企業に求めた。その一方で、若年工の徒弟《とてい》訓練制度などを作り、若い人は一定期間は修業期間として賃金はあまり高くならないようにし、企業の負担も減らした。

そうすることで企業に、雇用を増やさせようとしたのである。

また、農業を捨てて地方から都会に出てきている者には、帰農支援を行なった。

青少年には学校の修業年限を1年のばしたりして若者の求職者を減らしたり、職のない若者のために各種奉仕団を作り、ボランティアをさせながら最低限の生活保障をした。

また企業の雇用に条件をつけ、なるべく一家の大黒柱を雇うようにし、解雇するなら若者や女性を先に、という制度を作った。当時は、女性の賃金のほうが安かったので企業は女性を雇うケースが多かったが、これをやめさせてなるべく男性を雇うように働きかけたのだ。

つまり、限られたパイをうまく分配したというわけである。

なぜナチスは領土侵攻をしたのか？

さて、ここまで読んでこられた方の中には、常識として持っているナチス観との間に違和感を持つ人もいるだろう。

ヒトラーがいかに優れた先進性のある政策を断行したとしても、政権後半には他国の領土侵攻を行なったではないか？　と。

「あんな蛮行を行なった政治家が優れているはずはない」

そう思われる方も多いだろう。

たしかに、ナチスの領土侵攻政策は、国際法にも道義にも反しているものである。しかしナチスの侵攻政策は、高校の世界史の授業で語られるような、単にナチスの一方的な侵攻だったわけではないのだ。

ナチスの側にしてみれば、それなりの正当性があったわけだし、当時の国際情勢を見ても一方的にナチスを責められるものではない。

その事情について、ここで説明したい。まず当時のドイツの国土について述べよう。

ドイツは、第一次大戦の敗戦で、国土の13・5%、人口の10%を失った。植民地もすべて取り上げられ、委任統治という名目で連合諸国に分捕られた。

もちろん、植民地の没収、国土の割譲は、ドイツの国力を大きく削《そ》ぐことになった。しかも、前述のように多額の賠償金を課せられたのである。

ドイツとしては、「賠償金を払わなければならないのなら植民地と、旧国土を返してほしい」という気持ちが、国民の間に長い間ずっとあったわけだ。

またナチス・ドイツの領土拡張政策は、一見、周辺国の迷惑を顧みない傍若無人《ぼうじゃくぶじん》のふるまいのように映る。しかし、英仏が宣戦布告する前（第二次大戦前）までのナチスの領土拡張のほとんどは、旧ドイツ帝国の国土回復か、ドイツ語圏地域の併合だったのである。

英仏から宣戦布告を受けた後は、資源確保のためにあちこちに侵攻をしたが、その前は旧国土の回復を超えるようなことはあまり行なっていないのである。

オーストリアの併合はベルサイユ条約で禁じられていた

ナチスの領土侵攻は、他国を蹂躙《じゅうりん》する傍若無人な蛮行のように思われてきた。しかし、相手国がそれを少なからず望んでいたケースもあるのだ。

たとえば、ナチスの領土拡張政策の始まりとされるオーストリア併合は、その典型的な例である。

オーストリア併合（dpa/ＰＡＮＡ）

「1938年3月、ナチス・ドイツはオーストリアに突如、軍を進駐させ、そのままオーストリアを併合してしまった」

われわれはそんなふうに、学生のころ学んだはずである。これだけを見れば、ナチス・ドイツはなんて乱暴で、酷《ひど》い奴らなのだという話になるだろう。

しかし、当時のオーストリアというのは、実は連合国の思惑で作られた「人工国家」だったのである。

英仏を中心とする連合諸国は、第一次大戦で敗北したハプスブルク王国を解体し、ドイツ人の多く住む地域をオーストリアという国家にしてしまった。

ドイツ人が多く住むのだから、オーストリア人としては、ドイツと併合したい（ドイツに併合されたい）、という気持ちもある。しかし、ベルサイユ条約では両国の合併は禁じられていた。両国民が望んだとしても、である。

両国が併合すると、ドイツが強くなりすぎるからである。つまり、ドイツとオーストリアは、連合国の思惑で、一緒になることを禁止されていたのだ。

ナチスのオーストリア併合時に、オーストリア国民がどの程度、それに賛成していたのかは（当時の統計がないので）定かではない。しかし、当時のオーストリア国民は、「ナチスからの非道な侵攻を受けた」という捉え方はあまりしていないはずである。

ポーランド侵攻も旧領土の回復が目的だった

また、第二次大戦のきっかけとなったポーランドへの侵攻も同じような経緯がある。

ポーランドは、旧ドイツ帝国の領土を削減し、それにロシアの旧領土を加え、ドイツとロシアとの間に建国された国である。そして、ポーランドが海につながる土地を確保するために、ドイツは「ポーランド回廊《かいろう》」といわれる地域を割譲《かつじょう》させられた。そのために、ドイツは東プロイセン地域と遮断されてしまったのだ。

ドイツとしては、このポーランド回廊を奪還することは国家的な悲願でもあった。

ナチス・ドイツの領土拡張政策は、けっして狂った一部の指導者が画策したことではなく、長年にわたるドイツ国民の切実な願いでもあったのだ。

１９２９年に開かれた「ヤング会議」で、ドイツ代表の金融家シャハトも「取り上げられた植民地と、ポーランドへ割譲した回廊が戻されないと、賠償金は払えない」と述べている。

前述したようにシャハトは、「レンテンマルクの導入」を実行して成功させた、世界的にも権威のある財政家である。そのシャハトが、こういう要求をしているのだ。

「植民地をよこせ」というのは、現代の常識から見れば、無茶な主張のようにも見える。しかし、当時はまだ、西洋の列強が植民地を持つのは当たり前の時代である。イギリス、フランスを始め、欧米諸国は世界中に植民地を持ち、食糧や原料、エネルギー資源を安く入手していたのだ。

なので、ドイツの主張を責めるならば、当時の欧米諸国は同じように責められるべきではないだろうか。

ナチス・ドイツの領土拡張策が、後年で語られるほど非常識なものではなかったことは、ケインズの態度からも見てとれる。

ケインズは、ナチス・ドイツの領土拡張政策について、あまり批判的な態度を取ってはいなかったのだ。ポーランドに侵攻した際にも、あからさまに批判することはなかったという。少なくとも、領土拡張政策のみをもって、ヒトラーの政策が全否定されるいわれはない、といえよう。

なぜナチスは自給自足を目指したのか？

ドイツが領土拡張政策を行なったのは、「自給自足経済」を確立するためでもある。特に英仏がドイツに宣戦布告をしてからは、ドイツはその傾向を明確にする。

「一国が自給自足の経済を採る」というと、現代の常識から見れば「鎖国」のようなものであり、異常な発想に思える。しかし、当時の国際情勢の中では、これはけっして奇異な考えではなかったのだ。

なぜドイツが自給自足を目指したかというと、大きく2つの理由がある。

1つは、世界恐慌以降、世界経済はブロック化してしまい、貿易が非常に不安定になってしまったということである。貿易に頼っていては、国内経済の安定は図れない。そう考えたのだ。

そしてもう1つの理由は、「戦争」である。戦争になると、貿易はすぐにストップしてしまう。そうなると、貿易に頼っていたのでは国民は飢《う》えてしまう。

実際、第一次大戦時には、イギリスがドイツを海上封鎖したため、ドイツは深刻な食糧不足、物資不足に陥った。

ヒトラーは、側近に対して次のようなことを述べている。

「(世界経済が) 万事順調なときに輸入するのはたやすい。しかし状況が悪くなると動きが取れなくなる。外国はすぐさま、そこにつけこんで強請《ゆす》ろうとする」

「平時においては自給自足経済の利点を忘れる。そういう愚《ぐ》を、再び犯してはいけない。世界大戦中 (第一次) に自給自足を試みたが、手段も十分ではなく、人材も足らなかった」

この発想のもと、まずドイツは、1936年の第二次4カ年計画で自給自足を目指した。

この計画では、食糧、燃料、繊維製品、ゴムなどの原料を、ドイツで生産するというのだ。経済封鎖をされたときに困らないように、重要な物資はすべて自前で賄《まかな》える「自給自足経済」を作ろうとしたわけである。

イギリスは、ドイツが第二次4カ年計画を発表すると、陰に陽に妨害を加えてきた。そして「ドイツがこの計画を中止すれば、借款《しゃっかん》をする用意がある」という提案も行なってきた。

外貨不足に陥っているドイツに対して、「金を貸すから自給自足をやめろ」ということである。

しかし、ヒトラーはそれにには応じなかった。イギリスの提案に対して次のように切り捨てている。

「第二次4カ年計画についてイギリスがもっとも恐れたのは、ドイツが自給自足となってイギリスの都合では動かなくなることだった。われわれがこういう政策をとれば、必然的に彼らの植民地での利益の減少を招くからである」

ヒトラーはこうも言っている。

「国家の独立、政治的レベルでの独立は、軍事力だけでなく自給自足体制にもかかっている」

つまり、国家に必要な物資を他国に頼っていると、独立は保てない、ということである。しかし、ドイツ国内ではどうしても入手できない物資もある。そのためにドイツは、領土拡張を必要としたのである。

資源に欠乏したドイツ

ドイツがどうしても欲しかった物資というのは、石油である。1940年当時、ドイツの石油備蓄量は次のようになっていた。

85万4千トン産出（ドイツ領、オーストリア、チェコスロバキアから）
13万トン産出（ドイツ支配下のポーランドから）
35万トン輸入（ソ連圏から）
156万トン輸入（ルーマニアから）
518万5千トン製造（人造石油）
計807万9千トン

ドイツが必要とする石油は平時でも600万トンから800万トンとされていた。戦争中に必要となるのは、1千万トンから2千万トンとされる。なので、ポーランドに侵攻しても、まだとうてい足りないのだ。

ナチス・ドイツは、石油を人工的に作ることで不足分を補おうとまでするが、コストがかかってうまくいかない。そのために領土拡張に乗り出してしまうのだ。

「石油のために領土拡張?」と反発を覚えられる方も多いだろう。

しかし、この当時、世界の油田の多くはアメリカ、イギリスに握られていた。彼らは、石油を外国に売るときに、いろんな条件をつけたり圧力をかけるなど、事あるごとに嫌がらせをするのである。日本でも似たような状況があったので、ご存じの方も多いだろう。

しかもアメリカ、イギリスが握っている石油利権というのは、帝国主義的に獲得したものも多いわけだ。

もちろんだからといって、ナチス・ドイツの侵攻が許されるわけではない。侵攻される地域の人々にとっては、そんな身勝手な理由で侵攻されるのは、たまったものではない。

ただしナチス・ドイツにばかり責《せめ》があって、米英に責がないということは、絶対にないということだ。

第4章

新しい国際経済システムを

ナチスの新国際金融計画

1940年、ナチスは、「欧州新経済秩序」という経済計画を発表した。「欧州新経済秩序」というのは、シャハトの後任のドイツ経済相（兼ライヒスバンク総裁）フンクが計画したものである。

「欧州新経済秩序」とは、ヨーロッパの通貨を統一して金本位制から脱し、ヨーロッパ域内のヒト、モノ、カネの移動を自由にする、つまり、ヨーロッパを1つの経済圏にするという計画である。

当時、ドイツはすでにフランス、オランダ、ベルギーなどを降伏させており、西ヨーロッパの大半をその勢力圏に収めていた。

そしてナチスの勢力圏をそのまま1つの経済圏にしてしまおうというのが、この「欧州新経済秩序」という計画だった。

このことは連合国側、特に英米にとっては衝撃的な内容だった。これまでの国際経済の枠組みを根本から作り換《か》えるものだったからである。

ナチス・ドイツは、自国の勢力圏だけではなく、東欧、南欧、中南米などにも、この新計画への参加を呼びかけた。

もし、世界各国がナチスの呼びかけに応じて、この計画が成功すれば、英米ともに、完全に世界経済の中心から外《はず》されることになる。

この計画には、以前の国際経済の欠陥を補《おぎな》うさまざまな改革案が示されていた。だからこそ米英は、この計画をことの外、恐れたのだ。

その主なものを検討していきたい。

(1) アウトバーンをヨーロッパ中に拡大する

「欧州新経済秩序」では、ドイツで行なったアウトバーンなどの公共事業(4ヵ年計画)をドイツの占領地域でも実施し、失業問題を解決するという項目があった。

これまで述べてきたように、ナチスはアウトバーンなどの大規模な公共事業を行なうことによって、失業者を劇的に削減した。これと同じことを、ヨーロッパ全土で行なおうと計画していたのだ。

ヨーロッパ各地は、世界恐慌以来、失業問題に悩まされてきた。それを、ナチスの方式で一気に片づけようというのである。

（2）金本位制に頼らない新しい金融制度

「欧州新経済秩序」では、ドイツで行なった金融、通貨政策をドイツの支配地域すべてで実施するとしていた。ドイツで行なった金融、通貨政策とは、労働債などを起債することによって、インフレを起こさずに信用供与を増やし、産業を活性化するというものである。

前述したように、ドイツでは金本位制から脱し、労働力などを基準とした公債を発行し、金融危機を脱した。

それと同じことを、フランスやオランダなどナチス勢力圏内でも実施しようと計画したのである。

（3）インフレを抑制する

「欧州新経済秩序」では、前項のような労働債などでの新しい信用創造をするとともに、ドイツで行なった物価統制策も実施することになっていた。

ナチス政権では、食料品などが高騰しないように、厳しい物価統制を行なっていた。それが「急速に景気が拡大したのに、インフレが生じなかった」理由の1つでもある。

ナチスは、これと同じことを占領地域にも実施しようと考えたのである。

(4) ドイツ・マルクを基軸通貨とする

「欧州新経済秩序」では、ナチスの勢力圏内ではマルクを基軸通貨とすることになっていた。ナチス勢力圏内の各国の輸出、輸入は、ベルリンの中央機関が一括して決済を行なう。そして、輸出額、輸入額に差が生じたときには、その差額分はマルクで支払われるのだ。そのため、ナチス勢力圏内での貿易決済では、金《きん》は不要ということになった。

各国の通貨は、マルクと固定され、マルクの流通も認められている。そして将来的には、マルクだけを使用する予定だった。だから、各国が通貨の不安定さで悩む必要は今後なくなるというわけだ。

そしてマルクは、金もしくはドルと固定されている。ナチス勢力圏外と貿易するときも、基本的には、中央銀行が一括して決済を行なうが、その帳尻《ちょうじり》合わせには金が使われる。ナチス勢力圏外では、マルクの使用を強制することはできないので、マルクの代わりに金を使うのである。ナチスの支配圏の中では、マルクを基軸にして通貨を安定させ、同時に対外的な貿易の道も閉ざさないようにしていたのである。

またナチスの勢力圏内の国々が、圏外の国と貿易をする場合は、それらの国とナチスが結んでいる協定が、準用されることになっていた。なので、南米などナチスが清算協定を結んでいる国々とは、フランス、オランダなどもその協定と同じ方法で貿易が行なわれることになっていたのだ。

(5) ベルリンに世界銀行を作る

「欧州新経済秩序」では、ベルリンに国際貿易の清算機関を作り、ナチス勢力圏内の各国の輸出入の決済はここで行なわれることになっていた。

そしてベルリンには国際融資機関（世界銀行のようなもの）が作られることになっていた。このベルリン世界銀行は、資本不足に陥っている各国に融資を行ない、資本不足を解消することが目的とされていた。

ちょうど今の世界銀行と同じ目的を持っていたのだ。

ドイツは、ナチス以前から世界銀行の構想を持っており、かのシャハトも1929年のヤング会議でそれを提唱している。

資本不足で苦しんだドイツだけに、資本不足に陥った国を助けるということにも、昔から関心を持っていたのだ。

(6) 国際的な分業を確立する

「欧州新経済秩序」では、ナチス勢力圏内での国際的分業を発展させ、各地で最適の生産物を生産させることになっていた。

勢力圏内での工業を全体的に合理化し、カルテルによって市場、資源の配分などをする。また勢力圏内の農業を近代化し、海外農業国との競争力がつくまでは保護をすることになっていた。

この分業制は、簡単にいえば重工業などはドイツに集中させ、他の国々は軽工業やその地域にあった農産物、鉱業などを行なうことになっていた。

ヒトラーはこういうことを語っている。

「ルーマニアは独自の工業を持とうなどと考えないほうがいい。農産物、特に小麦をドイツの市場に送ってくれればいいのだ。お返しにこちらから必要な工業製品を送ろう」

(7) 世界中にナチス新経済システムへの参加を呼びかける

ドイツは、この「欧州新経済秩序」への参加を、世界各国に広く呼びかけるつもりだった。

たとえばヒトラーは、側近にこういうことを述べている。

「われわれの経済システムに参加を呼びかけた国々は、ロシア地域の天然資源も分配されるし、工業製品のロシア市場にも参加できる。こういった将来性を匂わせてやれば、即座にわれわれの経済体制に寄りかかってくるだろう。この地域がわれわれのもとで組織化されるとヨーロッパの失業問題は解消する」

「将来のヨーロッパは、どこの国よりも広い範囲で経済的自給自足の国となるだろう。ウクライナほど質のいい鉄を産出する地域がほかにあるだろうか？　アメリカでさえウクライナのマンガンを買いつけにくる。そのうえ、ほかにもいろいろ可能性があるのだ！」

「将来の展望をはっきり彼ら（デンマーク、ノルウェー、オランダ、ベルギー、スウェーデン、フィンランドなどの欧州諸国）に示してやろう。自国の過剰人口がロシアに移民できることや、あらゆる必要物資が手に入ることがわかれば、彼らは旗を打ち振ってわれわれの陣営に馳《は》せ参じるだろう」

このように、ヒトラーは、この「欧州新経済秩序」で、ドイツの経済圏を広げるだけではなく、ヨーロッパ全体の経済発展を企図していたのである。まさにユーロの原型といえるのだ。

（８）英米を国際経済から排除しろ

この「欧州新経済秩序」は、新しい国際経済システムでもあったが、英米を排除するためのものでもあった。

当時のドイツは、イギリス、フランス、アメリカにさんざん煮え湯を飲まされてきた。第一次大戦中は、英仏によって貿易を封鎖され、食糧を輸入に頼っていたドイツはたちまち飢えてしまった。貿易封鎖は停戦後も続けられ、ドイツは法外な値段で食糧を買わされる羽目になった。

またアメリカは前述のように、第一次大戦中以降、貿易の一人勝ちをし、金《きん》をひたすら貯め込んだ。それが世界大恐慌の要因にもなった。

世界大恐慌以降、イギリス、フランス、アメリカは、ブロック経済を敷き、ドイツを市場から締め出した。

こんな苦境を体験してきたドイツなので、イギリス、フランス、アメリカに関わらないでやっていける経済システムを作ろうとしたのである。

１９４０年当時、フランスは支配下に治めたので、フランスの影響は排除できる。またイギリスは、ドイツの攻撃の前にすでに風前の灯《ともしび》であり、もうそれほど大きな影響を持つことはないだろうと見ていた。

このころ、ヒトラーはこんなことを述べている。

「わが国の新経済計画が動き出して、ヨーロッパの政治の中心が移動し始めている。そのうちイギリスは大きなオランダにすぎなくなるだろう」

残るはアメリカだけである。アメリカの影響を受けない経済システムの構築、それが「欧州新経済秩序」なのである。

たとえば、ヒトラーはこういうことを述べている。

「経済レベルでいえば、アメリカはこれらの国々のパートナーにはなりえない。アメリカは金しか受けつけない」

「アメリカとは生産物の交換を基本とする交易はできない。アメリカは資源の過剰と工業製品の在庫過剰に悩んでいるからである」

もちろん、ドイツのこの姿勢はアメリカも感じ取っていた。

アメリカとしては、ドイツに「欧州新経済秩序」を構築されてしまっては、たまったものではない。アメリカが、第二次大戦の参戦に大きく傾くのは、ドイツがこの「欧州新経済秩序」を発表した直後なのである。

ナチス新経済システムは理想的な国際経済システムか？

これまで、「欧州新経済秩序」の優れた点を紹介してきた。

間違いなく「欧州新経済秩序」は、これまでの国際経済システムの欠点を補うもので、現在のユーロの原型ともいえる。

では、「欧州新経済秩序」が理想の経済システムかというと、そうとまでは言えない。というのも、当時の世界情勢というのは、まだ植民地主義、帝国主義が渦巻いていたのである。「欧州新経済秩序」も当然その影響下にある。

ありていに言えば、ドイツに都合のいいように作られたシステムであるということだ。「欧州新経済秩序」は、あくまでドイツ国民が中心であり、それ以外の国の人々はドイツ人と同じような生活はできなかったであろう。

当時、ドイツ占領地域ではすでにその兆候は現われていた。被占領地域の失業者が、ドイツ国内に働きにきていたが（自発的と強制的の両方のケースがある）、彼らはドイツ人より30％～50％低い賃金で雇用されていた。

「この戦争に勝った者が経済のあの手この手を考えればいい。今はまだ土地の占有をめぐって戦っている最中である」

ヒトラーは、こういうことも言っていた。

なので、仮に「欧州新経済秩序」が完成した場合、かなりドイツに有利なシステムになったことは否《いな》めないだろう。

ただし、第二次大戦以前の世界経済はイギリスに都合のいいようなシステムになっていたし、第二次大戦後はアメリカに都合のいいようになっていた。ドイツばかりが責められるものではない。

覇権国家のご都合主義から、ドイツも離れていなかったということである。

しかし、帝国主義の野心は捨てられず

ヒトラーは「欧州新経済秩序」で新しい国際経済システムを世界に発信しながら、一方では、前時代的な植民地主義的な野心も持っていた。

たとえば、ヒトラーはソ連方面のドイツ占領地域は、独立を認めず完全に植民地として、想定していたようである。ウクライナなどには、ドイツ人を植民するための具体的な計画も動き出していた。

「ドイツ人入植者は広くて立派な農場に住むべきだ。ドイツ人の公共施設も立派な建物で、庁舎は宮殿のようにしよう」

「戦争中に負った債務の支払いにはなんの問題もない。これまでに武力で占領した地域は国家の財産を大いに膨らませてくれたが、これだけで戦費をはるかに上回っている。次に2千万人の外国人労働者が安い賃金でドイツ産業界に入ってくることは国家の負債額を大きく減らすことになる」

このように、ヒトラーは帝国主義的な発想から抜け出せてはいなかったのだ。しかし、これも仕方ない面もある。当時はまだ欧米各国が世界中に植民地を持っていた時代なのである。「植民地が悪」とされるようになったのは、第二次大戦後、アジアやアフリカ諸国が独立を果たすようになって以降のことなのである。

ナチスの新経済システムに賛同したケインズ

ケインズは、1940年11月、情報省からある要請を受けた。ナチスが発表した「欧州新経済秩序」に対して、経済学者の視点から批判して欲しい、というものだった。

イギリス情報省は、「自由貿易と金本位制のほうが優れていることを示し、『欧州新経済秩序』を否定してくれ」とケインズに頼んだのだ。

しかし、ケインズは情報省の案に反して、手紙で次のように回答した。

「明らかに私は、戦前の金本位制の美点や長所を説くに相応《ふさわ》しい人間ではありません。私の意見では、ドイツの放送から引用した部分のおよそ4分の3は、もしもその中のドイツとか枢軸《すうじく》という言葉を、場合に応じてイギリスという言葉に置き換えるならば、まったく優れたものとなるでしょう。フンク案を額面通りに受け取るならば、それは優れたもので、まさにわれわれ自身がその実現に努力すべきものであります」

つまりケインズは、イギリス情報省の趣旨は間違っていると言っているのだ。またケインズは、同じ手紙の中で次のようなことも述べている。

「第一次大戦後、為替面における自由放任主義は混乱を招いた。関税はこれから逃れる手段とはならなかった。しかしドイツでは、シャハトとフンクが必要に迫られて、より優れたものを作り出した。彼らは近隣諸国の犠牲の上にこの新しい制度を利用した。しかし、その基礎になっている考え方は、実際のところは健全かつ有用である」

「自由放任主義（および金本位制）によって、一国は、輸出財が欠如しているためではなく、金が欠如しているために、破産を余儀なくされたのである」

ケインズは、ナチスの経済政策、金融政策を実は非常に高く評価していたのである。

これまで見てきたように、ナチスは、ケインズ理論をそのまま実行し、運用面ではケインズをさらに進化したような技術を見せ、絶大な効果を上げていた。

ケインズは、それまでナチスを公式に評価することはなかったが、実は内心は評価していたのである。それが、イギリス情報省を諫《いさ》めるという形態をとって現われたのである。

「イギリスはナチスに学べ」とケインズは言った

そしてケインズは、同じ手紙の中で次のようにも述べている。

「戦間期には国際通貨の自由放任は急速に崩壊し、代わって競争的なデフレ政策、変動相場制、為替切下げ競争、貿易制限や差別的待遇など国際収支の不均衡を調整する新しい試みがなされたが、いずれも失敗した」

「このような試行錯誤のあげく、死に物狂いになったシャハト博士が、それ自身の中に優れた技術的着想の芽ばえを秘めている何か新しいものに遭遇した。それは大戦の数年前、いや数ヵ月前のことであった。この着想は、国際通用力を持つ通貨の使用を放棄し、その代わりにバーターに相当する制度を用いることによって、上述のような難問を解決しようとするものであった」

「この方法が悪（ナチス）に奉仕するために使用されている事実のために、その技術的な利点を使用する可能性に目をつぶってはならないのである」（以上、この項のケインズの言葉は、イギリス情報省の官僚ハロルド・ニコルソンに宛てた手紙による）

つまりケインズは、彼らの方法には優れた点があり、われわれもそれに学ぶべきである。彼ら（ナチス）が行なっているからといって、学ぶことを拒絶するべきではない、と述べているわけである。

そしてケインズは、情報省に対して、ナチスの「欧州新経済秩序」を真向《まっこう》から否定するのではなく、次のような主張をすべきだと提案をしている。

「イギリスはフンク（ナチスの経済相）と同じことを実行しているが、もっと上手に、もっと誠実に、もっと他国民の利益を尊重しながら実行していること」

「フンクが実施しようとしていることの価値に疑問を投げかけるのではなく、かれの誠意や善意に疑問を投げかける形を採《と》るべきであること」

つまり、イギリスもドイツと同じようなことを考えています、でもドイツのように強引な自国本位ではなく、他国のことを考えながらやりますよ、そういうことを世界に向けて訴えなさい、とケインズは言っているのだ。

イギリス情報省が、ナチス経済システムを批判した裏事情

これまで、ナチスの「欧州新経済秩序」と、それに対するイギリスの反応を紹介してきた。ここまでの部分で、１つ疑問を抱かせることがある。

「イギリス情報省は、なぜナチス批判をケインズに頼んだのか？」ということである。

現代のわれわれの感覚から言うならば、「ナチス」イコール「悪の権化《ごんげ》」であり、世界中の嫌われ者だったはずだ。わざわざナチスの計画を中傷する声明など、出さなくてもいいはずである。

イギリスがそれをやろうとしたことは、実は当時の世界情勢が微妙だったことを示しているのである。

というのは、ナチス・ドイツは、当時の世界情勢の中で、それほど嫌われた存在ではなかったのだ。

特に国際経済においては、ナチスは「持たざる者」の代弁者的な性格を持っており、東欧や中南米などでは、親ナチス的な姿勢を採る国も多かったのだ。

世界大恐慌以降、世界の貿易は急激に縮小し、イギリス、アメリカ、フランスなどは、自国の勢力圏のみで貿易をするブロック経済を敷いた。そのため、ブロック経済から外れた国

というのは、非常に苦難を味わうことになった。

しかし、ドイツはブロック経済から外れた国々に呼びかけ、独自の方法で貿易を拡張させたのである。

このドイツのやり方には、賛意を示す国も多かった。

ブロック経済化をしたイギリスは、国際経済のリーダーとしての資質を疑われていた。その一方で、ドイツは「持たざる国」の中で、リーダーとしての存在感を示しつつあったのだ。ドイツが新しい経済システムを考案すれば、それに追随《ついずい》する国が多数出てくるかもしれない。なのでイギリスとしてはドイツのこのシステムが劣っていることを、世界中に喧伝しなければならなかったのだ。


なぜナチスは中南米で人気があったのか？


前項では、東欧・中南米などでナチス・ドイツの貿易システムが支持されつつあったということを述べたが、その内容を紹介しよう。

ドイツと中南米の貿易の仕組みというのは、基本的には金《きん》を使わない物々交換のバーター取引だった。

中南米諸国は、世界恐慌以降、金や外貨が枯渇《こかつ》していたので、それだけでも魅力のあるものだった。

ドイツはそこにさまざまな工夫を織り込み、ドイツの負担を減らしつつ、相手国の貿易欲を刺激するようにしたのだ。

ドイツは中南米の原料をどこよりも高く購入し、ドイツの工業製品を安く売った。つまり、ドイツは実質的にダンピングしているのと同じだった。

そして、輸出入に差額が出た場合は、特別マルクで支払った。

特別マルクは、ドイツの輸出品の購入、ドイツへの旅行費用など、ドイツに対する支払いにしか使えなかった。それは、相手国にとってあまりありがたいことではなかった。しかしその分、ドイツ製品が購入できるので、工業製品が不足している国々にとってはさしたる不満は感じなかったのだ。

実際、ナチス政権成立以降、ドイツと中南米の貿易は激増しているのである。

１９３２年から１９３６年の間、中南米からドイツへの輸入は21%増加、輸出は83%も増加した。中南米全体の貿易はその間、輸入１%、輸出は34%増加したにすぎない。ナチス・ドイツとの貿易だけが突出しているのである。

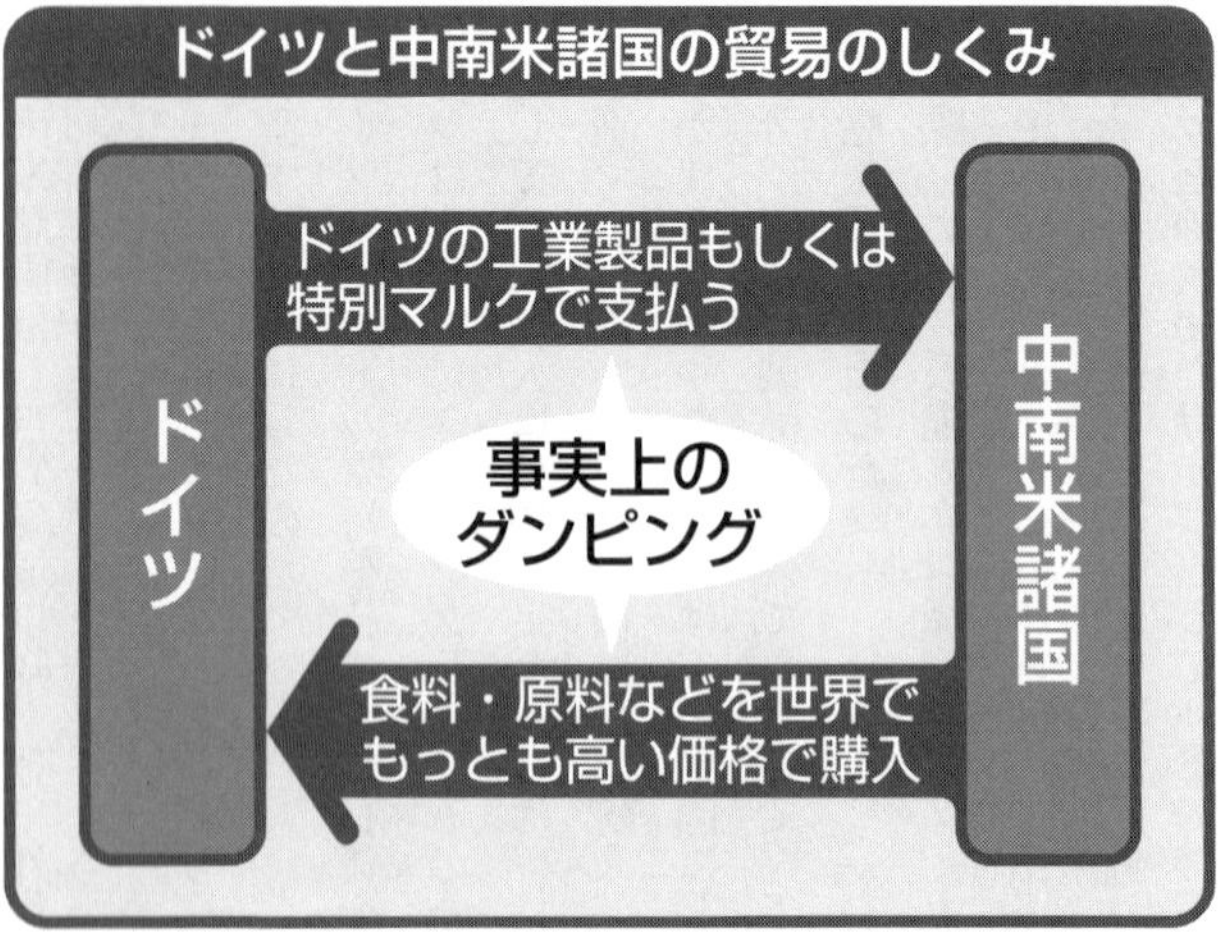

また中南米諸国は、重要な工業製品の輸入を、アメリカからドイツに切り替える国も多かった。1938年時点で、アルゼンチンの軍用機の161機がドイツ製だった。またチリの110機のうち66機がドイツ製だった。

当時、中南米で使用されている飛行機の約2割がドイツ製だったのである。特に1930年代後半では、アメリカよりもドイツから飛行機を買う国が多くなったのだ。

また中南米は、もともと親ドイツ的な国が多かった。

ドイツ人の移民も多く、1930年代には175万人のドイツ系の人々が居住していた。ナチス・ドイツと中南米諸国には、良好な通商関係を築ける下地もあったのだ。ちなみに第二次大戦後、連合国の追手から逃れたナチスの高官は、中南米に亡命することが多かった。

東欧でも喜ばれたナチス・ドイツの貿易システム

ドイツは、東欧とも中南米などと同じような貿易協定を結んだ。

これは東欧諸国にとって、非常にありがたいことだった。

第一次大戦で、食糧不足に陥ったヨーロッパ諸国は、戦後、食糧増産に力を入れた。そのため、ヨーロッパでは農産物が過剰生産になっていたのだ（それが、世界恐慌時に、世界的に農産物価格が下落した要因でもある）。

東欧諸国も過剰な農産物を抱えており、その捌《は》け口に困っていた。しかも、世界恐慌以降は、世界の貿易は極端に収縮した。貧しい東欧諸国は金や外貨の保有も少なく、なかなか他国との貿易ができない。

そんな中、ナチス・ドイツが物々交換で貿易をしようと言ってきたのである。

ドイツは６千６００万人の人口を持ち、世界の先端を行く工業国である。東欧諸国の農産物の捌け口としてはもってこいである。しかも世界でもっとも新しい工業製品を入手できる、またとない機会でもある。

そのため、東欧諸国はこぞってドイツとの貿易に精を出した。次のように、ナチス政権が発足（1933年）して以降の東欧の対ドイツ貿易は急増している。

ブルガリアの対ドイツ輸出割合　1928年29・9%　1939年71・1%
ブルガリアの対ドイツ輸入割合　1928年22・2%　1939年69・5%
ハンガリーの対ドイツ輸出割合　1928年11・7%　1939年52・4%
ハンガリーの対ドイツ輸入割合　1928年20・0%　1939年52・5%
ルーマニアの対ドイツ輸出割合　1928年27・6%　1939年43・1%
ルーマニアの対ドイツ輸入割合　1928年24・1%　1939年56・1%

ナチスが行なった新貿易システムとは

ナチスが中南米や東欧諸国などと結んだ為替清算協定というのは、次のような仕組みで貿易の決済が行なわれるものである。

協定を締結した両当事国は、中央銀行に相手国中央銀行名義の自国通貨建て清算勘定を開設し、輸入業者は相手国から輸入したとき、その代金はこの清算勘定に支払う（直接、相手に支払うのではない）。輸出業者は、この清算勘定から残高の範囲内で、自国通貨の支払いを受ける。

双方の国がこの操作を行ない、輸入と輸出の残高はそのまま残される。残された残高は、翌年の貿易の清算に充てられる。また双方の国は、残高が突出しないように調整し合う。だいたいの場合、ドイツの輸入超過になっていることが多かったので、差額は特別マルクで支払われた。

為替清算協定は、世界恐慌の後、各国の金本位制が崩れてから金の決済以外の貿易の方法として、ブロック経済からはずれた国々を中心に用いられたものである。特にドイツは、金融崩壊後、この方法によって必要物資を入手してきた。

第二次大戦前、為替清算協定は、全世界で77も結ばれた。

ドイツはそのうちの13を占めており、この為替清算協定によって東欧諸国、中南米諸国への貿易を拡大した。また、ブロック経済を形成していたイギリス、フランスとも類似する協定を結んだ。

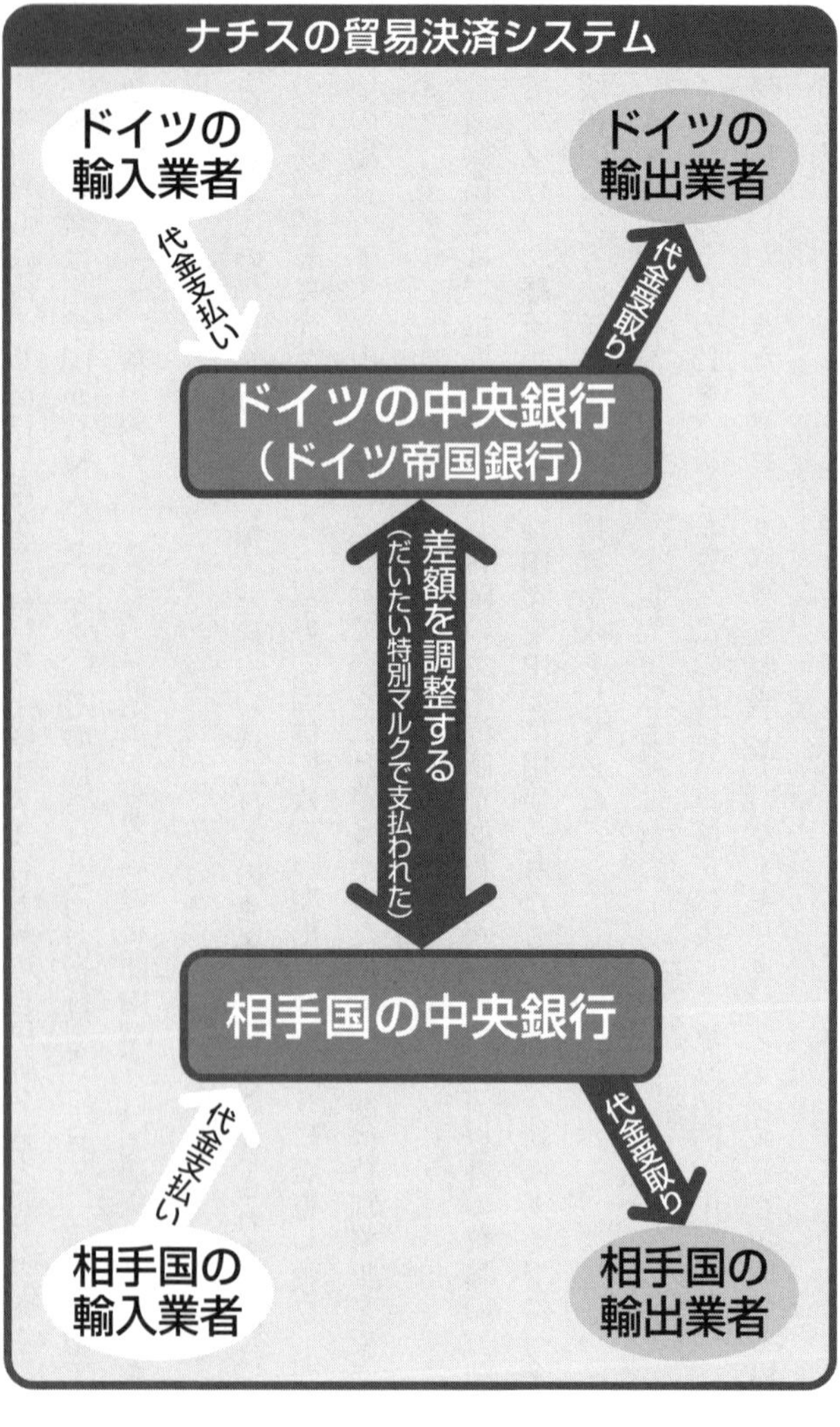
ナチスの貿易決済システム
ドイツの輸入業者
代金支払い
ドイツの輸出業者
代金受取り
ドイツの中央銀行（ドイツ帝国銀行）
差額を調整する（だいたい特別マルクで支払われた）
相手国の中央銀行
代金支払い
相手国の輸入業者
代金受取り
相手国の輸出業者

この為替清算の仕組みは、昨今の経済学者の間では、「輸出の範囲内においてしか輸入できないので、貿易を縮小させるものである」というように言われることが多い。

しかしこの経済学者たちの説は、まだ実証されていないのではないか、と筆者は思う。

なぜなら、当時の世界経済が縮小したのは、各国が金の流出を恐れてブロック経済化や保護貿易化したのが、最大の要因であるはずだからだ。

当時、金や為替を持たない国は、貿易はできない仕組みになっており、そのために、貿易縮小を余儀なくされた国も多数あった。そういう国々に貿易の途を開いたのが、為替清算協定だという見方もできるはずである。実際、中南米諸国などは、ドイツと為替清算協定を結ぶことで、貿易を伸ばしている。

経済学者はこの点を抽象的な議論ではなく、しっかりデータを集めて分析するべきではないか、と筆者は考える。

ナチスと酷似していたケインズの国際金融システム案

この章では、ナチスの「欧州新経済秩序」を紹介してきた。

しかし、この計画はもちろん実現しなかった。ご存じのように第二次大戦では、ナチスが敗北したからである。

そして、それに代わって連合国主導により、戦後の国際経済の新しい枠組みが作られることになった。

1944年にアメリカのブレトン・ウッズで開催された、かの有名なブレトン・ウッズ会議である。

このブレトン・ウッズ会議に、ケインズはイギリス代表として参加することになる。ケインズは、この会議のため、新しい国際金融システム案を用意していた。

そしてケインズの国際金融システム案は、実はナチスの「欧州新経済秩序」と似た点がかなり多いのだ。

ケインズが、ブレトン・ウッズ会議で提案した新しい国際金融システムの骨子は次のようなものである。

1．各国の決済は中央銀行が一括して行なう。各国の貿易業者同士、民間銀行同士が独自に決済をしない。貿易業者、民間銀行は、中央銀行で決済を行なう。

2．金で決済は行なわず、バンコールという国際決済のための通貨を使って決済を行なう。

3．各国は、輸出と輸入の均衡をはかる義務がある。つまり貿易黒字、貿易赤字があまり大きくならないようにしなければならない。
4．国際間の資本の移動は規制する。

ケインズ案の柱であるこの４点は、ナチスの「欧州新経済秩序」と非常によく似ている。つまり、ケインズは新しい国際金融システムの骨子の部分を、ナチスのシステムと同じようなものにしようとしたのである。

これは、「ナチスの案が優れていた」というより、第一次大戦後の国際経済の不安定さに対して、ケインズとナチスが似たような問題意識を持っていたということであろう。

次項以下、ケインズの国際金融システム案と、ナチスの「欧州新経済秩序」の類似点について検討していきたい。

貿易の支払いは中央銀行が一括管理する

ケインズ案とナチス経済計画の類似点でまず挙げられるのが、〝貿易の決済を中央銀行が一括して行なう〟ということである。

これまでの貿易というのは、各国の貿易業者が、相手国の貿易業者や銀行などと直接取引をし、各々で決済をしていた。それは、しばしば通貨の不安定化につながった。業者が各自で決済をすると、金や外貨の流出入を国が管理することができないからだ。

その弊害をなくすために、貿易の決済は中央銀行が一元管理するということにしたのである。

貿易業者や民間銀行は、貿易の決済を中央銀行で行なう。輸出業者や外国に債権がある場合、その受取りは中央銀行から受ける。

輸入業者や外国に債務のあるものは、その支払いは中央銀行で払う。各国の貿易業者同士や民間銀行同士が、独自に決済をしないのである。

すでにお気づきかと思うが、これはナチスが実際に、為替清算協定を結んだ国々との貿易において使っていた方法である。

第二次大戦前は、ドイツに限らず世界中の国が、通貨の不安定さで苦しんだ。その不安定さを解消するための方策として、ケインズもナチスと同様の中央銀行一元決済を採用しようと考えたのである。

金本位ではない国際金融システムを

ケインズは、国際経済を金本位制から切り離し、金によらない決済方法を提案した。それは「バンコール」という国際決済通貨を作るというものだった。バンコールは、各国の過去3年間の貿易額の75％が、あらかじめ自動的に各国の「持ち分」として割り振られる。各国は、輸出と輸入の差額をこのバンコールのやり取りで調整するのである。

貿易黒字国は黒字分のバンコールを受け取り、赤字国は赤字分のバンコールを支払うのだ。つまりバンコールは、金を使わずに貿易の決済ができる新しい国際通貨だったのだ。

しかし、これは金を大量に保有しているアメリカには、絶対に飲めない条件でもあった。金を使わずに貿易ができるようになれば、金を大量に保有しているアメリカの優位が失われる。というより、アメリカの保有している大量の金は、宝の持ち腐れになってしまう。

だからアメリカは、あくまで金本位制に固執した。

黒字国も赤字国も、同じように責任を負う

ケインズの提案の中で特筆すべきは、貿易黒字国も赤字国も、収支均衡を保つ義務を負うという点である。

それまでの貿易のルールでは、貿易の不均衡が生じた場合、赤字国だけが改善の義務を負っていた（赤字国が収支改善の義務を負うという明確なルールがあったわけではないが、貿易の赤字が続けば、物をなかなか売ってもらえなくなるため、赤字国は当然、通貨の切り下げを行なったり輸出促進を行なって、貿易収支の改善をしなければならなかった）。

しかし、ケインズの提案では、黒字国も黒字削減の義務を負うようにされていたのだ。貿易黒字が、バンコールの割当額の4分の1を超えると1％が課徴金として課せられる。そして2分の1を超えるとさらに1％が課せられるのだ。

この規定により、黒字国も黒字だからといって安穏《あんのん》とはしていられないのである。もしケインズ案の国際金融システムが採用されていれば、日本も1980年代などは、黒字減らしに相当苦労したはずである。

この貿易均衡論は、ナチス前期の経済相シャハトが、常々世界に向けて訴えてきたことなのである。

シャハトは、「貿易は本来、輸出した分だけ輸入することで、双方の国が潤《うるお》う」という考えを持っていた。

「1つの国が、長い時間、輸出ばかりを続けることができると思うのは間違いである。他国の商品を買い、自国と同じ程度に発展させなければ、自国だけ経済的発展を持続することは不可能である。国際収支が一時的に出超あるいは入超を示している場合、それは国際信用というトリックが事態を隠蔽《いんぺい》し、これを一時的に引き延ばしているにすぎない」（『防共ナチスの経済政策』Ｈ・シャハト著・刀江書院）

つまりシャハトは、「輸出ばかりをして貿易黒字を貯め込むだけでは、その国は豊かにならないし、相手国も迷惑をする。輸出した分に応じて、輸入するべき」ということを述べているのだ。

たしかに言われてみれば、その通りである。

われわれは、貿易が黒字になった（輸入より輸出のほうが多かった）と聞けば、何か自国が潤っているように受け取ってしまう。

しかし、実際には貿易黒字ということは財が流入するより、流出するほうが大きい、ということであり、自国の財が減っているということだ。貿易黒字になると、お金は増えるが、財は減る、つまり国家全体の財は減っているのである。

そして貿易黒字で通貨が増えれば物価が上がる。つまり貿易黒字というのは、単に国の物価を上げているだけなのである。黒字で抱えた外貨を使用しなければ、国は豊かにならないのである。

この考えは、単純な数式で説明できる普遍的な理論である。しかしケインズの主張もむなしく、戦後の国際経済システムには取り入れられなかった。そのため戦後の国際経済は、たびたび混乱に陥ることになる。

国際間のマネーゲームの規制

ケインズは、その提案の中に、「国際間の資本移動の規制」を盛り込んでいた。

この国際間の資本移動の規制というのは、簡単に言えばマネーゲームに規制を加えろ、ということである。

ケインズも、ヒトラーやナチスの経済閣僚も、第一次大戦後の国際経済の混乱の原因の1つに、マネーゲームがあったと考えたのである。

ケインズは、国際金融システム案の中で、次のようなことを述べている。

「戦前の制度には、見逃してはならないもう1つの欠点があった。それは逃避、投機または投資目的での資金の海外送金、および受領も自由放任に委ねられたことである」

「結局これが不安定性の主要原因となった。もし、問題がアメリカの貿易収支の黒字だけであったならば、世界の他の国の新産金が、優にその黒字を排除したであろう。しかし、その上に逃避的、投機的資金の流れが加わったため、制度全体が崩壊するにいたったのである」

つまり、アメリカの貿易黒字だけが問題だったならば、これほどアメリカに金が集まることはなかった。新産出の金を利用するなどして、他の国の努力でなんとかできた。

しかし投資家たちの、「わずかな利益に即座に反応するマネーゲーム」によって、金のアメリカへの集中は一気に加速されてしまった。これが、世界経済が大混乱した元凶である、ということである。

そしてケインズは、国際間の資本移動について規制が必要だときっぱり言い放っている。

「資本移動は、規制されねばならないということほど確かなことはない」

このケインズの言葉は、現代の経済社会に対する警句《けいく》でもあるといえる。

というのもブレトン・ウッズ会議では、ケインズの案は受け入れられず、資本の移動は原則自由とされた。そして戦後の国際社会はマネーゲームを野放図に許すことになった。

昨今の経済社会を見ても、国際金融が混乱するとき、必ずといっていいほどマネーゲームがその原因を作っている。日本のバブル崩壊、アジアの通貨危機、アメリカのＩＴバブルの崩壊、リーマンショック……。

もし国際社会が、このままケインズの警告を無視し続けるならば、金融危機や世界不況は、何度も訪れるということではないだろうか？

これを読んだ方の中には、「国際間の資本の自由な移動があるからこそ、途上国は発展できるのではないか」と思った方もいるだろう。

たしかに、先進国が途上国に投資をすることで、途上国が発展してきた面があるのは事実である。なので、国際間の投資を全面的に禁止したほうがいい、というわけではないだろう。ケインズの主張でも、「禁止ではなく、あくまで規制」という表現になっている。

マネーゲームにつながりやすい短期的な投資には制限をかけ、その国の発展を後押しするような長期的な投資は推進する。それが国際間のもっとも健全かつ、妥当な資本関係ではないだろうか？

なぜ国際間マネーゲームはダメなのか？

資本の自由な移動（マネーゲーム）には、「投機的な投資により経済が混乱する」のと、もう1つ弊害があると、ケインズは述べている。

それは、国内の金融政策が利かなくなるということである。

ケインズは、１９４２年、経済学者の知人ハロッドに充てた手紙の中で、次のように述べている。

「私の見解では、国内経済の全般的な運営は、『世界の他の場所で適用されている利子率に関係なく、適切な利子率を適用できる自由』にかかっています。こういう理由で資本移動の規制を主張するのです」

つまり、一国の金融政策者（主に中央銀行）は、他の国の金利政策に関係なく、自国に適切な金利政策を講じる状況にしておくべきである。資本の移動を自由にしてしまうと、その状況が破られてしまう、とケインズは述べているのだ。

国は金融政策を施すことで、経済の活性をコントロールする。一国の経済が好調のときは、金利を上げて金融を引き締め、不調のときには金利を下げて金融を緩和するのだ。

しかし国際間の資本が野放図になると、国内では予想もつかない金融の動きになってしまう。

たとえば、世界恐慌になる直前の１９２８年ころ、アメリカはあまりのバブル景気を引き締めようとして、金利を上げた。すると、その高い金利を目指して、欧州やドイツに投下されていた資本が、アメリカに集まってしまった。それがまたアメリカの株式市場の高騰をもたらした。

またバブル後の日本では、景気を上向かせるために、金利を下げに下げ、ゼロ金利状態が長く続いた。

しかし、この低金利を最大限に利用したのは、ヘッジファンドなどの投機家たちだった。低金利で日本の円を借り、それを高金利のアメリカに投資した。この方法で、濡れ手に粟で儲けたわけである。

こうしてアメリカへの投資が膨《ふく》れ上がったことが、リーマンショックの遠因にもなっているのだ。つまり単に日本の景気対策にすぎなかった低金利政策が、アメリカのバブルを引き起こしたというわけである。

外国資本は国を滅ぼすこともある

国際間の資本の移動は、受け入れるほうもリスクが大きい。「外国資本を受け入れる」というと、言葉は奇麗だが実際は借金をすることである。

資本を受け入れる地域や国は、その資本に見合った利息（利潤）をつけて、資本家に返さなければならないのである。

もし、その資本に見合った利息が払えなければ、その資本はたちまち引き上げられてしまう。

またその地域に投資するよりも、もっと利息のいい投資地域があれば、投資家は資本をそちらに移動してしまう。

投資を引き上げられた地域はどうなるか？

それは借金を無理やり打ち切られたのと同じである。借金に頼っていたその地域の経済は、たちまち行き詰まってしまう。

１９２０年代後半のドイツが、まさしくそういう状態である。

前にも述べたが、１９２０年代のドイツは、アメリカから投資を受け入れることで産業を復興させ賠償金を払おうと試みた。

しかしアメリカ国内の株式市場が異常に沸騰《ふっとう》したために、ドイツに投資された金の多くはアメリカ国内の株式市場に移された。その結果、復興しかかったドイツ経済が壊滅状態に陥ったのである。

これと同じことは、現代経済史でもたびたび生じている。

１９９０年代後半に起きたアジア通貨危機も、まさしくこのパターンだった。アメリカを中心とした先進国が、東南アジアに多額の投資をし、東南アジア経済はそのために急速に発展した。

しかし90年代後半に、経済政策の失敗や、それに付け込んだヘッジファンドの影響で、急に投資が引き上げられた。そのため、東南アジア各国の経済はたちまち行き詰まり、深刻な金融危機や不況を招いてしまった。

このように国際間の資本を野放図に行き来させることは、非常に危険でもある。そのことを、ケインズは警告していたわけである。

ケインズ案の敗北

ここまで、ケインズの国際金融システム案を紹介してきたが、残念ながらケインズ案は敗れた。

ブレトン・ウッズ協定では、ドルを今後の世界経済の基軸通貨とすることが定められた。そして、ドルは金《きん》と兌換《だかん》しうる「金本位制」をとることになったのだ。

前述したように当時のアメリカは、世界の金の7割以上を独占しており、その財力の信用を使って、今後の国際金融システムが作られることになったのだ。

アメリカのドルを基軸通貨とすることは、世界経済がアメリカを中心に回ることになる。そして「ドルが金と兌換されることで、ドルの信用を保つ」ということは、もし各国の金の保有量のバランスが崩れた場合、たちまち機能しなくなる。

またもしアメリカの経済が破綻した場合、世界経済は大きなダメージを受ける。そういう懸念をケインズは持っていたのだ（実際に戦後の世界経済は、ケインズの懸念通りになった）。

イギリスやケインズの反対にもかかわらず、ブレトン・ウッズ協定は、アメリカの意見に押し切られた形になったのだ。

当時、世界最大の経済力をもっていたアメリカに、第二次大戦で疲弊《ひへい》しつくしていたヨーロッパの各国は対抗できなかったのだ。

そしてケインズは、ブレトン・ウッズ協定が発効された後、精も根もつき果てたようにして翌年他界するのである。

ケインズの懸念が現実化した戦後の国際経済

ケインズが懸念していたことは、戦後の国際経済の中で次々に現実化した。あらためてケインズの洞察力の確かさに驚かされることになるのだ。

第二次大戦後の国際経済は、「アメリカの一人勝ち」という問題からはひとまず解放された。

あれほど金を集め、国際金融の停滞の最大の原因を作ったアメリカが、第二次大戦後は打って変わって、金の放出につとめたからだ。

アメリカは、自国の資本を気前よくヨーロッパ、アジアの復興のために貸し出した。

しかし戦後の国際経済は、「アメリカの一人勝ち」ではなく「アメリカの一人負け」に混乱させられることになった。アメリカが気前よく金を放出すれば、アメリカ・ドルの信用がなくなり、アメリカからさらに金が流出することになる。

アメリカの金保有量が少なくなれば、アメリカ・ドルを中心とする国際的金本位制の基本条件が崩れてしまう。

アメリカの金流出は、60年代後半から勢いを増した。

そして1971年、当時のアメリカ大統領ニクソンが、アメリカ・ドルと金の交換停止を発表し、ブレトン・ウッズ体制は崩壊してしまったのである。

ブレトン・ウッズ体制が崩壊してからも、世界は有効な国際金融システムを見つけることはできていない。

ドルと金の交換が停止された後も、ドルは世界の基軸通貨でありつづけた。ドルの信用は落ちていたが、ドルに代わる基軸通貨がなかったからである。それはまた新しい金融危機をもたらすことになる。

ドルがないと国際貿易の決済ができない。そのため、世界各国は、嫌でもアメリカのドルを入手しないとならないし、アメリカは進んでドルを世界中にばら撒く。

気がつけば、アメリカは巨額の貿易赤字を抱え、経済的信用を失いかけていた。リーマンショックの遠因はここにあるのだ。

前述したようにケインズは、1944年の時点で「金本位制からの離脱」と同時に、「国際決済通貨の創設」を提案している。これは、「一国の通貨を国際決済に使用するには無理がある」ということを認識していたからである。

われわれは今、多大な代償を払って、ようやくそれを学んでいるのである。

第5章

ヒトラーとケインズの経済思想

「自由放任主義」「共産主義」ではない新しい経済思想を

これまで、ヒトラーとケインズの理論が似ているということを紹介してきた。

なぜ似ているのかというと簡単に言えば、両者には共通の目的があったからである。

それは「自由放任主義」「共産主義」以外で、社会をうまくいかせる方法を探るということである。

というのも、当時の経済学説というのは「古典的な資本主義」と「共産主義」の両極端の2つしかなかったのだ。

当時の経済学説は、資本主義においては古典主義と呼ばれるものが主流だった。

「経済は自由放任にしていれば、『神の見えざる手』によって、自然に調和に導かれる」というアダム・スミス以来の考え方である。

その一方で、それとは正反対の考え方も勃興《ぼっこう》してきていた。

「経済はすべてを国家が一元管理しなければ、失業や階級の対立はなくすことができない」とする共産主義思想である。

つまり、まったく自由にするか、全部管理するのかという極端な二元論だったのである。

その極端な二元論が支配する経済学説に風穴を開ける形で、ケインズ理論が登場したのである。

ケインズの「自由放任の終焉《しゅうえん》」

「世界は、私的利害と社会的利害とが常に一致するように、天上から統治されているわけではない」

ケインズは、1926年に著した『自由放任の終焉』で、このように述べている。経済を自由放任にしていれば、不都合になることも生じる。だから、経済にはある程度政府が介入しなければならない、と論じているのだ。

現代の目で冷静に考えれば、経済を自由放任にしていれば、すべてうまくいくというのは、間違いであることがわかる。

たとえば、企業と労働者ならば、企業のほうが絶対に力が強い。

「首にするぞ」

といえば、労働者は企業の言うことはなんでも聞かざるを得ない。自由放任にしていれば、企業は安い賃金で労働者をこき使い、不景気になれば首にする、という状況になってしまう。

なので、企業と労働者の間にはきちんと規制を設け、ある程度、労働者の権利を保護しなければならない。

人が利のままに行動していれば、社会的に不都合なことも生じてくる。たとえば、木材が売れるからといって自由に伐採《ばっさい》していれば、国中の山がはげ山になってしまう。そうなると、洪水や水不足などの自然災害を被ることになる。

また資本主義では、大量生産、大量消費がもっとも美徳とされる。大量生産、大量消費されるときが、もっとも資本主義社会が活気づくからである。しかし、それが過熱し続けていけば、世界の資源はあっという間に枯渇《こかつ》してしまう。

それ以外でも、自由放任の弊害は多々ある。どうみても、「自由放任にしていれば社会は必ず安定する」というのは間違っている。

しかし、ケインズ以前の経済思想では、それがわかっていなかったのである。

ケインズはすべてを統制しろと言ったのではない

ケインズは「自由放任主義」を否定はしたが、かといって共産主義のようにすべてを統制しなければならないと言ったのではない。

ケインズの理論は、資本主義をベースに置きながら、その欠点を修正するというものである。

ケインズは、行きすぎた資本主義の矛盾をただそうという狙いを持っていたのだ。

ケインズは著書『自由放任の終焉』の中で、政府が「なすべきこと」と「なすべきではないこと」を提示している。

政府が「なすべきこと」は、社会に必要なものだけど、民間企業がけっしてやろうとはしないことであり、次の3種類のものである。

・通貨の計画的な統制
・貯蓄、投資が適正規模になるように調整すること
・適度の人口を保つこと

そして「なすべきではないこと」は、民間事業を行なっている企業を国有化することとしている。

またケインズは、相続税の超累進化などで、貧富の差を矯正すべきだとしている（詳しくは後述）。

「資本主義は正しい。でも完全ではない」

一方、ヒトラーのほうも、ケインズと同じように「自由放任」「共産主義」以外の方法を探していたのである。

そして資本主義をベースとしつつも、国家の統制を取り入れるという「国家社会主義」という思想を打ち出したのだ。

「国家社会主義」というと、国のあらゆる産業を政府が一元的に管理する強固な統制経済のようなイメージがあるが、実はそうではない。

簡単に言えば、資本主義と共産主義の中間あたりの思想である。だから共産主義よりは国家統制は緩いのである。

なぜヒトラーは、「自由放任」でも「共産主義」でもない方法を模索していたのか？

当時のドイツは、その両方の欠点を嫌《いや》というほど味わってきたからである。

19世紀後半から20世紀にかけて、ドイツは急激に工業化が進んだ。

それとともに、労働問題なども生じるようになった。労働者は少ない賃金で過重な労働をさせられ、景気が悪くなると首を切られる。

産業の急速な発展の中で、深刻な貧富の差も生じていた。

自由放任にしていても、けっして「予定調和」などにはなりそうもなかった。

共産主義の欠陥

そして、自由放任の資本主義のアンチテーゼとして、共産主義という思想が生まれてきた。共産主義を生んだマルクスはドイツ人であり、共産主義というのはドイツから生まれたものでもあった。

しかし、この共産主義も万能ではなかった。

20世紀に入るとロシアでは共産主義の政権が誕生し、ワイマール時代のドイツでも左派政党が政権を担った時期もあった。

共産主義はその崇高《すうこう》な理念とは裏腹に、「巨大な官僚主義」にほかならなかった。産業のすべてを国家が管理する、各人の創意工夫は取り入れられない。その非効率さは、しばしば社会を混乱に陥れた。

ヒトラーは、「自由放任」「共産主義」の２つの方法以外の方策を見つけ出さなくては、ドイツ社会を立て直すことはできない、と考えたのである。

共産主義というのは、第二次大戦後も世界をリードし続けてきた思想である。60年代などは日本の若者の中にも、「共産主義を理想の社会」と考える人が多かった。共産主義の幻想が崩れるのは、20世紀末に東欧の共産主義国家が相次いで崩壊し、国家としての経済力の弱さが露呈してからのことである。

しかしヒトラーやマルクスは、すでに共産主義の欠陥を明確に見通していたのである。

共産主義とは一線を画す「国家社会主義」とは

ナチスは、その党名に「国家社会主義」という文言を入れつつも、共産主義や左派政党とは一線を画した経済思想を持っていた。つまり、「国家社会主義」というのは単なる共産主義ではない、ということである。

たとえばライヒ食糧職分団中央局指導者は、ナチスの宣伝パンフレットの中でこう話した。

「個人の能力、業績をないがしろにする経済システムは、各人の貴重な能力を荒廃させ、意欲を欠いた大衆を作り出し、ロシアに見られるような状況を作り出す」

この考えは、ナチスの党綱領の中にも、明示されている。

党綱領10条には「国民が自分の資質と能力、職業意識などにより存分に働くことを重視する」という文言があり、党綱領13条、14条には「企業の活動心、冒険心、リスク、創造的精神、組織能力を排さない経済的な利益配分を承認する」と述べられている。

つまりは、経済活動は原則的に自由であり、個人の創意工夫は尊重され、それを経済の発展に生かすシステムとなっていた。

ナチス前期の経済相シャハトは、次のようなことを言っている。

「資本主義的経済方法の応用なきいかなる社会主義経済方法も考えられず、各経済階級間の社会主義的協調なきいかなる資本主義経済も存立しない」

「あるいはもし国家が我々に労働を強制するならば、我々は嫌々ながら機械的に、今日のロシアにおけるような、奴隷労働に従事するかも知れない。しかし、その結果、かかる労働は公益にとってなんらの成果ももたらさないだろう」（『防共ナチスの経済政策』H・シャハト著・刀江書院）

個人の利益よりも公益を優先する

ヒトラーの経済思想は、資本主義をベースにしていても、すべて無制限に私的な経済活動を許すというわけではなかった。

自由な経済活動を認めつつも、行きすぎた行為には規制をかけたり、国民生活が壊されることのないように統制をするということである。
たとえば、ヒトラーは次のようなことも述べている。

「戦争が終わっても、経済のコントロールは政府の手に残しておかねばならない。もし経済が政府の手から離れるようなことになれば、またぞろ私企業は自分の利益のみを追い求めるようになるだろう」

「人間とは元来エゴイストだ。ゆえに政府による命令・統制なくしては、国家経済が能率的に機能するのは不可能なのだ。国家統制経済の成功例がヴェネチア共和国だ。ヴェネチアでは500年というものパンの値段が変わらなかった。この安定が潰《つぶ》れたのは『自由貿易』などという弱肉強食のモットーを掲げたユダヤ人のせいだったのだ」

だからヒトラーは、資本主義、私有財産を容認しつつも、一方で過度に利益を追求し、社会に害を与えるような経済活動については、著しい規制を行なった。
経済活動は自由だが、個人の利益よりも公益を優先させるということである。
1940年11月、ベルリンの軍需工場での演説で、ヒトラーはこういうことを述べている。

「現在の資本主義の経済原則では、国民は経済のためにあり、経済は資本のためにある。しかしわれわれは、この原則を逆転させた。つまり、資本は経済のためにあり、経済は国民のためにある、ということだ。別の言葉でいえば、何より重要なのは国民だということである」

つまり、ナチスの経済思想は、資本主義をベースにしつつ、全体の調和のために国家の関与も加えていくというものだった。

それは、より現実的な経済思想ということもできるだろう。

企業は利潤追求のみに走ってはならない

ヒトラーとケインズの根本思想の中には、「企業は利潤追求のみに走ってはならない」というものがある。

ケインズはその著書『自由放任の終焉』の中で、「企業は暴利を貪《むさぼ》るのではなく、正常な利潤を追求し、社会的な責任を果たすべき」と述べている。

資本主義の価値観の中では、企業はより多くの利潤を得ることが「正しい」とされている。しかし、企業が利潤だけを求める活動は、得てして社会に害をもたらすということをわれわれは知っている。

つい最近起きたリーマンショックも、アメリカの投資銀行らが、利潤だけを求めて無茶な金融商品を開発、販売したところにその原因がある。

また日本のバブル期の土地投機などでも、市街地が地上げにあって軒並み空洞化したり、地方の景観地が中途半端に開発され壊されたまま、放置されたりなどということが生じている。

やはり経済活動というのは、「人や社会に役立つことをして、適正な対価を得る」というのが基本なのである。

それは、倫理的な話ではなく、経済社会の円滑な運営に不可欠なものなのである。この基本が崩れれば、経済社会は崩れるのである。

ヒトラーもこれに似たような考えを持っていた。「過剰利益は経済活動から除外されるべき」と、ことあるごとに述べているのだ。

格差社会を作らない

ヒトラー、ケインズの経済思想の根底には、「格差社会を作らない」「貧富の差を解消する」というものもあった。

経済学者としてケインズが語られるとき、この点は、あまり取り上げられることがない。

しかし、ケインズ理論や、彼の言葉の中には、所得の不平等や富の不平等に関する記述は多々あり、彼が深刻化しつつある格差社会に対して大きな懸念を持っていたことは間違いない。

たとえば、ケインズは『雇用・利子および貨幣の一般理論』の中で、こういう主張をしている。

「所得の不平等には、ある程度正当性がある。能力により多少の所得の増減はあってしかるべきだろう。しかし、富の不平等には正当性がない。富の不平等の最大の要因は、親の遺産であり、当人の能力とは関係がないからだ」

そして、同著の中で相続税の急激な累進化を提言している。

相続税の累進化というのは、相続財産が大きくなるほど税率が高くなる仕組みのことである。

たとえば、相続財産が1千万円までならば1割、5千万円まで2割、1億までなら3割、10億以上は7割というように、である。

貧富の差は社会の害悪

ケインズが、貧富の差を社会の害悪だと考えていたことは、一貫している。

第一次大戦の末期、1917年のクリスマスに、ケインズは母親に対して次のような手紙を送っている。

「戦争がこれ以上長引くことは、おそらくわれわれがこれまで慣れ親しんできた社会秩序の消滅を意味するであろう、ということです。いささか残念ですが、私はこれを全面的に悲しいとは思いません。金持ちがいなくなることはむしろほっとすることです。それより私が恐れることは、総貧困化の恐れが生じることです」

ケインズの経済理論は、この発想を抜きには語れないのである。というより、こういう面がケインズ理論の要《かなめ》の部分だと筆者は考える。

ケインズと同じようにヒトラーも、格差社会を良しとしない思想を持っていた。彼が失業対策を第一に考えたのも、底辺の人を救済するためだった。前述したようにヒトラーは政権獲得直後のナチス党大会で、次のようなことを述べている。

「われわれが義務としてもっとも心配しなければならぬことは、国民大衆に仕事を持たせて、失業の淵《ふち》へ再び沈めさせないことなのだ。上層階級が1年中多量のバターを得られるかどうかということよりも、できるならば大衆に安価なフェットゥ（パスタ）を確実に供給しうることと、否、それよりも大衆を失業させないことが、われわれにとって重大なのだ」

このようにヒトラーとケインズの経済思想の根底には、「格差社会を作らない」という考え方があったのだ。

誤解されたケインズ理論

ケインズの理論は、後世、その一部だけが拡大解釈されて、誤解されてきた傾向がある。

たとえば、１９２３年に出版された『貨幣改革論』の中で、「デフレよりもインフレのほうがまし」と述べている。

その意味は、「デフレが起きて失業者が増えるよりも、インフレが起きて金利生活者が困るほうがまし」ということである。

つまり、ケインズは、デフレとインフレのどっちがいいか、ということを述べているのではない。「経済政策というのは失業を増やさないことがもっとも大事だ、それを優先すべきだ」と述べているのである。

ケインズのこの言葉は後年誤解され、「デフレはまずい」というばかりが強調されることになったのだ。

たとえば小泉政権時代の竹中元金融大臣も「デフレは怖いですよ」などと吹聴した。そしてデフレ対策はしっかり行なったが、失業対策にはあまり力を入れなかった。まるで本末転倒である。

ケインズの言葉の真意というのは、「デフレがもっとも怖いから、デフレにしてはならない」と言っているのではなく、「デフレになれば失業が増えやすいので、デフレにしてはならない」と言っているのである。

「デフレにさえならなければいい」

というものではなく、ケインズの理論の本来の目的は「失業を防ぐこと」なのである。ちなみに竹中元金融大臣は、ケインズ信奉者ではなく、むしろ反ケインズ論者といっていいような考えを持っていた。


ケインズは「無駄な公共事業」を推奨したわけではない

ケインズ理論というと、公共事業がイメージされることが多い。1990年代以降の日本の政策でも、ケインズ理論を楯《たて》にとって、公共事業拡大が採られてきた。

しかしケインズは、無駄な公共事業をガンガンやれば、景気は回復すると述べているわけではない。

ケインズには誤解される表現が多いのである。

たとえばケインズは、「失業が多いときは、穴を掘ってそれを埋めるだけの仕事でもいいから、政府が仕事を作ってやるべきだ」と述べている。この言葉が、ケインズといえば、公共事業をガンガンやるというイメージを作り出したのだ。

しかし、ケインズの言葉には、「失業者が大量に出たとき」という前提条件がついている。つまり緊急を要するときには、「とりあえずどんな形でもいいから仕事を与えてやるべき」ということを述べているのである。

この言葉が誤解され、１９９０年代の自民党政権は、大量の無駄な公共事業を行なった。それが現在の巨額の財政赤字の要因となっているのだ。

ケインズの言いたかったことは、「政府はまず失業対策をしなさい。経済政策というのはそれがもっとも大事なこと」ということである。無駄な公共事業を、恒常的に行なうべきなどとはまったく言ってないのである。

ヒトラーと民主党の経済政策の違い

筆者は時々インターネットなどで、拙書『ヒトラーの経済政策』の読者からの感想を読むことがある。

その中で「ヒトラーの経済政策は今の民主党と似ている」というような意見がしばしば見受けられる。これは筆者の力不足であり、ヒトラーと民主党の経済政策には、根本的に大きな違いがある。

それをここで説明したいと思う。

２００９年に発足した民主党政権の政策の、もっとも目玉といえるのは子ども手当であろう。この子ども手当を例にとり、両者の違いを明確にさせたい。

というのも実はヒトラーも子ども手当を創設しているのである。しかし、民主党のそれとは若干内容が違う。その違いに、民主党とヒトラーの考え方の違いが凝縮されていると思われるのだ。

民主党の子ども手当は、15歳までの子供に一律支給するというものだったはずだ。所得制限を設けるかどうか最後まで議論されたが、結局、所得制限は設けず、すべての子供が対象になった。

一方、ヒトラーの子ども手当というのは、次のようなものである。

まず１９３５年に、１回限りの措置として、16歳以下の子供が４人以上いる家庭に、家具、家財道具と交換できる金券を給付した。

そして１９３６年に、一定所得以下の給与所得者（労働者、サラリーマン）の第５子から支給される子ども手当が創設された。38年には、給与所得者だけではなく、小規模事業者、農家も含まれることになった。40年にはさらに拡充され、第５子ではなく、第３子からの支給になった。

これを見ればわかるように、民主党が子供を持つ世帯の全体に対して支給しているのに対して、ヒトラー、ナチスは、所得が低くて子供が多い家庭に限定している。

金持ちから貧しいものへ金を回す

これまで何度か述べたように、ヒトラー、ナチスは、困っているもの、貧しいものを助けるという政策を講じてきた。「それ以外の者は助ける必要がない」というわけである。

ところが民主党は、そういう思想は持っていない。

「子供は社会が育てるべき」

という崇高な理念を掲げ、金持ちも貧乏人も一律に支援することにしたのだ。

理念の良し悪しはさておいて、経済効果の面から言うならば、民主党はまったく知恵がないといえる。子供全体に手当を支給すれば、それだけ財源が必要である。財源というのは国民の税金である。結局、国民全部から税金を吸い上げ、それを国民に還元しているにすぎない。

一方、ヒトラーのほうはどうかというと、国民から吸い上げた税金をピンポイントで、生活に「本当に困っている人のみ」に支給しているのである。

本当に生活に困っている人に支給すれば、その支給額はほとんどが貯蓄に回らずに、消費に回る。そして消費が増えれば、国の経済を活性化することにつながる。つまり、支給した子ども手当は、消費に回される率が高く、経済を活性化する効力があるということだ。

しかし民主党のように、貧しい人と金持ちに一律に支給しても、経済効果はそれほど期待できない。金持ちなどは、子ども手当をもらっても、それで消費が増えることはないからである。

民主党は金持ちに増税をしていない

民主党の政策と、ヒトラーの政策の最大の違いは、「民主党は金持ちや大企業に増税をしていない」ということである。

ヒトラーは政権を取るとすぐに、大企業や金持ちに増税をし、それが貧乏人に渡るような政策を講じている。

金の流れが、金持ちから貧乏人に行くような施策を行なっているのである。これはヒトラーの経済政策が成功した重要なポイントでもある。

前にも述べたが、金持ちから貧乏人に金を移すことは、経済社会を活発にする有効な方法である。金持ちは、消費に回すお金が少ないので、金持ちの収入が増えても、経済波及効果は少ない。しかし、貧乏人に金を回せば、その多くは消費に回るので、経済波及効果は大きい。

民主党は、その点の配慮はほとんどないといえる。民主党は、今のところ（2010年5月現在）大企業や金持ちへの増税は行なっていない。国民から大雑把《おおざっぱ》に取った税金を大雑把にばら撒いているだけである。おそらく民主党の経済政策は、ほとんど効果は上げられないはずである。

い。

ユダヤ人迫害政策の経済的な理由

人類史の汚点とされるナチスのユダヤ人迫害。筆者はこの事実に目をそむけるつもりはない。

ヒトラーやナチスが行なったこの野蛮な行為は、後世の批判を受けて当然だと思うし、人類が今後二度と繰り返してはならない過ちであることは間違いない。

しかし、ヒトラーやナチスがなぜユダヤ人を迫害したのか、ということについて、われわれはあまりに知らなすぎではないだろうか？

それが残虐な犯罪であればあるほど、その背景、成り立ちについてしっかり検証するべきなのではないだろうか？

「ヒトラーは稀有《けう》の悪人だったからユダヤ人を迫害した」

というような歴史観しか持ってない人が多いのではないだろうか？

あれだけの残虐行為をしたのである。それ相応の背景、動機というものが絶対にあるはずだ。それについて、しっかり検証することが、「同じ過ちを繰り返さない」ということにつながるのではないだろうか。

ヒトラーやナチスのユダヤ人迫害というのは、実はその根底には経済問題があるのだ。

よく知られていることだが、ユダヤ人というのは経済社会の中で成功したものが多い。そして、当時のドイツでは特にその傾向が強かったのだ。

当時のドイツでは、ユダヤ人は少数派であるにもかかわらず、学問や経済などで中心的位置を占めていた。

ユダヤ人の人口は全体の１％にしかすぎなかったが、政治家や大学教授のかなりの割合を占めていた。ユダヤ人は金融業、百貨店など経済関係の支配率も高かった。ユダヤ人の平均収入は、他のドイツ人の３～４倍もあったという。

また第一次大戦後、ドイツが襲われた天文学的なインフレのときに、多くのユダヤ人が大儲けしていたことも、彼らが嫌われた大きな原因となった。

信用のある大企業や金融業者というのは、インフレをうまく使えば、莫大な利益を上げることができる。銀行から多額の融資を受けてドイツの資産を買い漁《あさ》り、返すときにはインフレが進んでいるので、無料のように安い返済額で済んでしまう。そういうことが横行したために、インフレがさらに加速しハイパーインフレとなったのである。

この金儲けを行なったのはすべてユダヤ人というわけではなく、ドイツ人もかなりいたはずである。しかし金融業者にはユダヤ人が多かったので、必然的に目立つことになる。このことから「ユダヤ人はドイツのインフレに乗じて儲けた」として、反ユダヤ主義者から攻撃されるようになったのだ。

なぜユダヤ人は金融に長じていたのか？

そもそもユダヤ人がなぜ金融に長じていたのか、というと、それには彼らの歴史が大きく関係している。

旧約聖書では、ユダヤ人は4千年の歴史があるということになっている。というより、旧約聖書自体、ユダヤ人が作ったものであり、その中では、ユダヤ人は人類の祖ということになっているのだ。アダムとイブの誕生、ノアの箱舟などの旧約聖書のエピソードは、すべてユダヤ人のことを描いたものである。

旧約聖書というのは、キリスト教やイスラム教の経典の1つにもなっている。それを作ったユダヤ人とは、やはり相当優れた文化を持っていたことは間違いない。

そんな優れたユダヤ人たちであるが、歴史は彼らに奇妙な運命を与えた。

ユダヤ人は古代には自分たちの王国を持っていたのだが、紀元70年にローマ帝国に滅ぼされ、それ以来1948年のイスラエル建国まで、ユダヤ人は国家を持たない放浪の民となった。

ユダヤ人は、いつ迫害され、追放されるかわからない、という歴史の中で生きてきた。そういう状況に置かれれば、頼りになるのは金だけということになる。

また各地で、ユダヤ人が就ける職業というのは少ないために、金貸しになることが多かった。

中世までキリスト教では利子を取って金を貸すことは禁じられていたので、キリスト教徒の金貸しというのはほとんどいなかった。そのためユダヤ人は、その間隙をつく形で金融の分野に進出したのである。

そして金融業というのは、ユダヤ人の専売特許のようになった。現在の金融制度は、ユダヤ人が考案したものもたくさんあるのだ。

共産主義者にもユダヤ人が多かった

ユダヤ人がナチスの迫害の対象となったのは、彼らに共産主義者が多かったということも理由の1つである。

ロシア革命当時の共産主義活動家には、ユダヤ人が非常に多かった。レーニンの右腕だったトロツキーもユダヤ人だし、女性革命家として名高いローザ・ルクセンブルクもユダヤ人である。またなにより、共産主義の開祖マルクスは、ユダヤ人家庭に生まれているのである。

長い歴史の中で、迫害の危険など常に不安定な生活を強いられてきたユダヤ人は、異常に金儲けに長じる一方で、平等で平和な社会への憧れも強かった。そのため、共産主義思想が発祥すると、それに飛びつくユダヤ人も多かった。ロシア革命でも、レーニンが「ユダヤ人抜きでは革命はなしえなかった」と言ったほど、ユダヤ人の活動家は多かったのである。

そしてナチスというのは、反共産主義を掲げていた。そのため共産主義を迫害することと、ユダヤ人を迫害することが、リンクしてしまったのである。

ケインズはなぜユダヤ人経済学者と対立したのか？

ケインズは反ユダヤ主義者ではなかったが、不思議なことに彼はユダヤ人経済学者と対立することが多かった。

その最たるものが、ブレトン・ウッズ会議においての、ユダヤ人経済学者ハリー・ホワイトとの対立である。

ケインズのイギリス案を廃案に追い込んだアメリカ案を作ったのは、このハリー・ホワイトだったのだ。

ハリー・デクスター・ホワイトは、1892年にマサチューセッツ州ボストンでリトアニア系ユダヤ移民の家庭に生まれた。ホワイト一家は、ハリーが生まれる7年前に、帝政ロシアの迫害を逃れて渡米してきていた。

ホワイトは、高校を卒業後、いったん就職し、第一次大戦に従軍している。帰還後、コロンビア大学やスタンフォード大学で経済学を学び、1935年にハーバード大学で博士号を取得している。

1934年、財務省に入り、金融調査官という官職についた。その後、1941年には財務次官補として、かのハル・ノートの草案作成に関わったとされている。

1942年モーゲンソー財務長官の特別補佐官となり、財務省のナンバー2となる。ホワイトは、モーゲンソー財務長官の信頼が厚く、モーゲンソーと二人三脚で、戦後のアメリカ経済、ひいては国際経済の基本指針を作る。

そして、1944年、ブレトン・ウッズ会議にアメリカ代表として参加したのである。

ちなみにホワイトを重用した財務長官モーゲンソーもユダヤ人である。

「戦後の国際経済のレジームをユダヤ人が作った」

といってもいいのである。

ケインズ案を潰《つぶ》したユダヤ人経済学者のとんでもない正体

これは余談になるが、ケインズと対立したハリー・ホワイトというユダヤ人は、実はとんでもない男だった。

なんと、ソ連のスパイだったのだ。

まるで小説の中のできごとのようだが、厳然たる事実である。

1948年、下院非米活動委員会で共産主義者の告発（いわゆる赤狩り）が行なわれたとき、ホワイトも召集された。ソ連のスパイだと告発をされたのだ。

ホワイトはこの公聴会ではスパイ疑惑を否定したが、その直後に、ジギタリスの大量服用による心臓麻痺で死亡している。ホワイトは心臓に持病を抱えていたので、病死とされているが自殺だという見方も根強い。

この公聴会の中では、ホワイトが本当にソ連のスパイだったかどうかは明確にならなかった。

そのためホワイトのソ連のスパイ説の真偽は長い間謎とされてきたが、1995年に公開されたアメリカ陸軍のソ連暗号解読資料「ＶＥＮＯＮＡ文書」によって、ホワイトが「ジュリスト」「リチャード」というコードネームを持つソ連のスパイであったことが、公《おおやけ》にされたのである。

信じられないことだが、戦後の資本主義世界の経済の基本レジームを作ったのは、ソ連のスパイだったということになる。

ヒトラーが構想しケインズが受け継いだ世界共通通貨構想が、ユダヤ人のそれもソ連のスパイに潰されたというのは、歴史の皮肉というほかない。

ケインズ理論に反対するユダヤ人経済学者たち

ハリー・ホワイトに限らず、ユダヤ人経済学者というのは、なぜかケインズ理論を否定するものが多い（ただし、すべてのユダヤ人経済学者がケインズ理論を否定しているわけではない）。

昨今のアメリカ経済は、反ケインズ理論を採ってきたが、その立案者にはずらりとユダヤ人が並んでいる。

たとえば、１９８０年代以降のアメリカの経済政策に道筋をつけた「レーガノミクス」というものがある。これは時の大統領レーガンが採用した政策で、簡単にいえば、大幅な規制緩和を行ない、政府はなるべく市場に介入しない。市場が自由に振舞うことで、経済を活性化しようというものだった。

このレーガノミクスの理論的な後ろ盾となっていたのが、ユダヤ人経済学者ミルトン・フリードマンの「マネタリズム」という考え方である。

マネタリズムというのは、通貨ストック（硬貨、紙幣、当座預金など）の伸び率が、経済成長の伸び率と同じ水準であれば、インフレは生じない。国家は、通貨ストックの量だけを管理し、後は市場に任せるべき、という理論である。

ミルトン・フリードマン（時事）

レーガン大統領はこの理論を実践し、金融市場の規制を大幅に緩和した。アメリカの金融市場は活況を呈し、景気はたちまち回復した。レーガン大統領は、傾きかけていたアメリカを立て直した功労者として称えられ、国民的な人気を博した。一時は大統領選の三選が検討されていたほどである。

ミルトン・フリードマンのマネタリズムというのは、表向きは貨幣論の形を採っていたが、実際は、「規制を撤廃して、すべてを市場に任せる」という市場原理主義的な理論だった。

フリードマンは徹底した市場原理主義者で、ありとあらゆる政府の規制に反対した。医薬品の安全規則にすら反対していたのである。


なぜユダヤ経済人はケインズ理論を嫌うのか？


ユダヤ人の学者や経済人というのは、規制に反対する者が多い。

住宅バブルを放任したグリーンスパン元ＦＲＢ議長、金融の規制緩和を精力的に推進したルービン元財務長官も、規制緩和、市場原理主義の立場である。

だから「国は金融や市場を調整する必要がある」とするケインズ理論とは、相容れないことになるのだ。

なぜユダヤ人は、規制緩和、市場原理主義を推奨するのか？

これにもユダヤ人の特質が関係していると筆者は考える。

そもそも規制というのは、今までそこで生活していた人を守るためにあるものである。常に「よそ者」であり「新参者」であったユダヤ人にとっては、規制というのは、自分たちを守るものではなく、自分たちを疎外するものだったのである。

たとえば、中世のヨーロッパでは、ユダヤ人は職業組合ギルドから締め出され、まともな職業につけなかった。

また、つい最近までアメリカの商業銀行の分野は、非ユダヤ系の白人勢力「ワスプ」に握られ、ユダヤ人は締め出されていた。

そういう例が、いくらでもあるのだ。

ユダヤ人は、世界各地で経済社会の間隙を縫うことで生きのびてきた。経済社会が規制されれば、彼らが入り込む隙間が狭くなってしまう。

だからユダヤ人は、規制されるのを非常に嫌うのである。

規制が緩和されれば、ユダヤ人は旺盛な向上心と商売のうまさを発揮して社会に出ていける。だから、規制緩和というのはユダヤ人にとっての悲願でもあったのだ。

しかし、もちろん規制というのは、やみくもに緩和すればいいというものではない。特に金融業界などで適切な規制をしなければ、マネーゲームはたちまち過熱しモラルも何もなくなってしまう。

また無節操な規制緩和は、深刻な貧富の格差を生じさせてしまう。その2つの弊害が、顕著に出てきたのが今のアメリカであり、かつてのドイツだったといえるのだ。ちなみにリーマンショックの主役であるリーマン・ブラザーズという投資銀行は、ユダヤ人の創業なのである。

ヒトラーとケインズとユダヤ人

筆者は、ヒトラーとケインズが善で、ユダヤ人が悪などという短絡的なことを言いたいわけではない。

ヒトラーとケインズの考え方にも、長所と短所があり、同じようにユダヤ人の考え方にも長所と短所がある。それを分析して、長所だけを抽出するのが、「歴史から学ぶ」ということではないだろうか？

良かれ悪しかれ、ユダヤ人は有史以来の国際経済をリードしてきた。

そしてユダヤ経済人たちが作ってきた国際経済レジームというのは、世界経済を大きく発展させてきた要因でもある。

第二次大戦後、世界経済は大きく拡大した。途上国にも、容易に投資が行なわれることになり、多くの国が先進国と変わらぬ社会生活を送れるようになってきた。それは、国際金融、国際貿易に長じてきたユダヤ経済人たちが果たした役割が大きいのである。

世界各地との貿易ラインが作られ、グローバルな金融制度が整えられたために、世界のあらゆる地域が、国際的な物流、金融の恩恵に浴せられることになった。

実は日本も、ユダヤ経済人に大きく助けられて発展したのである。

というのは、戦後、いち早く日本製品をアメリカに広めたのは、ユダヤ商人たちなのである。かつて日本の工業製品は、世界市場であまり評価されていなかった。しかしユダヤ商人たちは、日本製品の品質の良さと価格の安さを即座に見抜き、アメリカ市場にこれを紹介したのである。

また世界史的に見て、ユダヤ人を受け入れてきた国は発展するという図式がある。スペイン、ポルトガルは、大航海時代ユダヤ人の居住を許しており、その時代に大発展した。しかしユダヤ人を追放してから、国力が振るわなくなった。

スペイン、ポルトガルから追放されたユダヤ人は、オランダ、イギリスなどに逃げ込んだ。すると、今度はオランダ、イギリスが発展することになった。

そして、現在、ユダヤ人をもっとも多く受け入れている国はアメリカである。アメリカは、イスラエルよりも多い、世界最大のユダヤ人居住国なのである。アメリカが、戦後の世界経済の覇者であることは、言うに及ばない。

このように、ユダヤ人は、「その行き先々の国、地域を発展させる」という性質がある。

しかしユダヤ人の経済思想には、欠陥も多い。

自由競争至上主義は一見平等な制度のように思われるが、金持ちと貧乏人が自由に競争すれば、金持ちが勝つに決まっているので貧富の差が激しくなる。実際、現在のアメリカは、世界でもっとも金持ちが多い国でありながら、先進国では最悪ともいえる格差社会である。

ユダヤ人は、その迫害の歴史からか、常に手っ取り早く金儲けをしたがる傾向がある。いつ迫害されるかわからないから、とにかく素早く金になることをしたがるのである。中世からユダヤ人には金融業（金貸し）が多かったが、金融業は金さえ準備していれば、すぐに始められたからである。ユダヤ人は親類や知人から金をかき集めて、金融業を行なってきたのである。

また、ユダヤ人は昔から投資の世界で長じており、投資銀行、ファンドなどには、ユダヤ人が非常に多い。株式投資は、17世紀のオランダ東インド会社に端を発していると言われているが、17世紀後半にはすでにユダヤ人投資家を批判するパンフレットが作成されているのである。ユダヤ人は、世界各地に居住しているため、そのネットワークを使って、株の情報のやり取りをし、大儲けしていたからである。

このように、ユダヤ人が投資に長けるようになったのも、「手っ取り早く金儲けをする」ユダヤ経済思想の表われだといえるだろう（もちろん、すべてのユダヤ人が同じ経済思想を持っているということではなく、あくまでユダヤ経済人の傾向としての思想という意味である）。

「手っ取り早く金儲けをする」

という思想はマネーゲームを助長し、しばしば社会を混乱に陥れる。その混乱の最たるものが、1929年の世界恐慌であり、21世紀のリーマンショックだといえるだろう。

ユダヤ経済思想は、経済社会を活発化し社会を豊かにする半面、深刻な格差をもたらす。また目先の利益が優先され、経済至上主義的な社会になってしまう。

ユダヤ人自身も、その経済思想の欠陥は承知していると思われる。前述したように共産主義を作ったマルクスは、父親がユダヤ系である。共産主義運動が世界に広まったとき、ユダヤ人の多くがこの運動に参加した。ユダヤ人によって作られたイスラエルという国も、多分に共産主義的な制度を持つ国なのである。

マルクスはユダヤ人の金銭感覚について激しく批判しており、共産主義というのは、ユダヤ人の金銭感覚に対するアンチテーゼという見方もできるだろう。

つまり共産主義というのは、ユダヤ人の金銭に偏りすぎた考え方の反省から生じてきたものともいえるのだ。

「ユダヤ人の経済思想」というのは、近代の国際経済において重要な位置を占めている。近代の２つの大きな経済思想「資本主義」と「共産主義」は、どちらもユダヤ人の強い影響のもとで醸成されてきたものなのだ。

ヒトラーとケインズの考え方は、ユダヤ経済思想の欠陥を修正するという面がかなりあったといえる。

特にヒトラーはユダヤ経済思想を毛嫌いしたために、ホロコーストという最終最悪の方法にまで手を出してしまった。

ヒトラーの犯したホロコーストの罪は重い。しかしだからといって、ユダヤ経済思想の欠陥をおざなりにしていい、ということではないだろう。

経済は、ただ自由に競争すればいいというものではなく、またすべてを管理すればいいというものでもない。われわれはそれを経験則から知っている。

ユダヤ人を排斥するのではなく、またユダヤ経済思想を全否定するのでもなく、そのよさを生かしつつ、欠陥を補っていく。自由競争の活力を生かしつつ、人々が金のことでいがみ合ったり争ったりしないで済む社会システムを構築する。それが現代のわれわれに課せられた使命だといえるだろう。

あとがき

「不況」「失業」「金融不安」

現在のわれわれは、このようなキーワードに苦しめられている。

経済というのは、煎じつめれば、「富」と「仕事」をどう分配するか、ということである。これがうまくいかなくなったときに、「不況」「失業」「金融不安」などにつながるのだ。

皆にちゃんと「富」と「仕事」があれば、だれも不安にはならない。「富」と「仕事」を得るために、皆、苦悩しているわけである。ユダヤ人が金儲けに長じてきたのも、彼らはじっとしていたら「富」と「仕事」にありつけないからである。

そして「富」と「仕事」をうまく分配するには、国家がすべて「富」と「仕事」を管理してしまえばいい、という考えが出てきた。

それが共産主義である。

しかし、国家が「富」と「仕事」を完全に管理してしまうと、個人個人の創意工夫が生かされない、停滞した社会になってしまう。

われわれは、国家がすべてを管理する世の中も、けっして幸福ではないということをすでに知っている。

となると、「個人個人のモチベーションを落とさずに、『富』と『仕事』をうまく分配する」というのが、もっとも優れた経済政策ということになるだろう。

ヒトラーも、ケインズも、このことを追求してきたといえる。

筆者は、ヒトラーやケインズの経済思想がすべて正しいと言いたいわけではない。

彼らは、時代的な制約もあり、世界経済のすべてを見通したわけではない。しかし、彼らの根本的な思想は、経済というものの肝をついていると思われる。

「経済に一人勝ちはない」

そのことを、ヒトラーとケインズは見抜いていた。

激しい自由競争をして、「富」と「仕事」の分配がうまくいかなくなれば、社会は大量の貧乏人、大量の「働かざる者」を抱えてしまう。そうなると、物を買ってくれる人が減り、経済が縮小する。つまり、弱肉強食の社会を作れば、強い者さえもいつか滅んでしまうのである。

このことを、現代のわれわれは肝に銘じるべきだろう。

他の人の何万倍もの富を一瞬で稼ぎ出してしまう「マネーゲーム」などの存在は、絶対におかしいといえる。これは、経済システムの欠陥なのである。常識的に考えて、そんなことがあると、社会の不公平が増すのは当たり前である。それを「ルールに従っているから正しい」などと主張するのは詭弁の極致といえるだろう。そのルールは人間が作ったものであり、そのルール自体がおかしいのである。

また「富」と「仕事」の分配がうまくいかなくなった場合（厳しい不況が続いた場合）、激しいナショナリズムがまきおこるということも、われわれは忘れてはならない。

ヒトラーの最大の欠陥である「狂信的なナショナリズム」は、ドイツの長い不況を抜きにしては語れない。また世界的に見ても、経済がうまくいっていない国や地域は、ナショナリズムが勃興しやすいということも言える。

戦前、戦中の日本では、ナショナリズムが蔓延していたが、当時の日本は激しい貧富の差があった。失業者が多い地域、貧富の差が大きい地域は、ナショナリズムが起きやすい。これは、データを見れば一目瞭然である。

ナショナリズムというのは、行きすぎると非常に危険なものである。「自分の民族だけが崇高で、他の民族は従うだけの存在」などという考え方を持ち始めたら、世界の国々とうまく付き合っていけるはずはない。

このように「富」と「仕事」をうまく分配する、ということは、社会のあらゆる面に関係してくるものなのである。ヒトラーとケインズの足跡をたどることで、それが非常によくわかる。良きにつけ、悪しきにつけ、である。


日本は現在、長い不況に苦しめられている。

バブルの崩壊以降、いったん、好景気が訪れた（と言われている）が、その後のリーマンショック以降、また深刻な不況に陥った。最近、景気は回復気味だとも言われるが、一般の人々にその実感はない。正規雇用者は激減し、しっかり働いても生活保護以下の収入しか得られないワーキングプアが激増し、自殺者は3万人を超え世界最高水準である。

これは、実は非常におかしなことなのである。日本は、数字的には、世界の富の1割以上を集める経済大国なのである。なのに、食うや食わずの人がたくさんいたり、自殺者がこれだけ多いなどというのは、他の国から見れば、バカみたいな話である。

これは明らかに、「富」と「仕事」の分配がうまくいっていないことである。「もっと国際競争力をつけて、輸出を増やせ」などと言う人も多いが、それは本筋からはずれている。日本は、国際的に見れば十分に稼いでいるのだから、稼ぎを増やすことよりも、ちゃんと分配することを考えるべきなのである。

ヒトラー政権発足時のドイツは、今の日本よりもはるかに経済的に脆弱だった。しかし、ヒトラーは失業者をなくし、人々の生活から不安をなくした。その点については、今の日本が見習うべきであり、経済政策者、経済学者たちはしっかり分析すべき点ではないだろうか？

最後に、祥伝社の水無瀬氏、菊池企画をはじめ本書を製作するにあたって尽力いただいた方々に、この場をお借りして御礼を申し上げます。

参考文献

『戦前・戦時日本の経済思想とナチズム』　柳澤治著　岩波書店
『独逸のラテン・アメリカ工作』　N・P・マクドナルド著
日本中南米輸出入組合連合会
『ケインズ』　R・スキデルスキー著　岩波書店
『ドイツ経済史』　H・モテック著　大島隆雄訳　大月書店
『ドイツ大インフレーション』　渡辺武著　大月書店
『金融資本と社会化〜ワイマル初期ドイツ金融資本分析〜』
松葉正文著　有斐閣
『防共ナチスの経済政策』　H・シャハト著　景山哲夫訳
刀江書院
『戦時経済とインフレーション』　H・シャハト著　越智道順訳
叢文閣
『明日の金融政策と輸出金融』　H・シャハト著　東京銀行調査部
『ドイツは語る　新生ドイツの実相』　H・シャハト監修
三上正毅訳　今日の問題社
『ナチス経済とニューディール』　東京大学社会科学研究所編
東京大学出版会
『ナチス経済』　塚本健著　東京大学出版会
『ドイツ農村におけるナチズムへの道』　豊永泰子著
ミネルヴァ書房
『ドイツの金融システムと金融政策』　羽森直子著　中央経済社

『ケインズと世界経済』　岩本武和著　岩波書店
『通貨燃ゆ』　谷口智彦著　日本経済新聞社
『ナチス経済法』　日満財政経済研究会編集　日本評論社
『ナチス厚生団』　権田保之助著　栗田書店
『ナチス独逸の財政建設』　W・プリオン著　金融研究会訳
ダイヤモンド社
『利益が多くて配当の少い独逸の会社』　石山賢吉著
ダイヤモンド社
『ナチス狂気の内幕』　アルベルト・シュペーア著　品田豊治訳
読売新聞社
『わが闘争』　完訳 上・下巻　アドルフ・ヒトラー著　平野一郎、
将積茂訳　角川書店
『現代ドイツ史入門』　ヴェルナー・マーザー著　小林正文訳
講談社
『物語ドイツの歴史』　阿部謹也著　中央公論社
『図説西洋経済史』　飯田隆著　日本経済評論社
『ユダヤ人とドイツ』　大澤武男著　講談社現代新書
『ヒトラーとユダヤ人』　大澤武男著　講談社現代新書
『ナチス経済の構造分析』　ルードルフ・ヒルファディング著
倉田稔訳　新評論
『ナチス統治下の民衆生活』　村瀬興雄著　東京大学出版会
『ナチズムの記憶』　山本秀行著　山川出版社
『総統国家』　ノルベルト・フライ著　岩波書店

『ナチ統治下の民衆』　リチャード・ベッセル著　刀水書房

『ヒトラーを支えた銀行家』　ジョン・ワイツ著　糸瀬茂訳　青山出版社

『第三帝国の社会史』　リヒアルト・グルンベルガー著　池内光久訳　彩流社

『ナチス経済と欧州の新秩序』　小穴毅著　朝日新聞社

『独逸税制発達史』　野津高次郎著　有芳社

『ナチス・ドイツの社会と国家』　南利明著　勁草書房

『ヒトラー全記録』　安倍良男著　柏書房

『ヒトラーの金脈』ジェイムズ・プール、スザンヌ・プール共著　関口英男訳　早川書房

『ナチス副総統ボルマンを追え』　檜山良昭著　東京書籍

『ヒトラーのテーブルトーク』　上・下巻　アドルフ・ヒトラー著　吉田八岑監訳　三交社

『ヒトラーの建築家』　東秀紀著　NHK 出版

切りとり線

★読者のみなさまにお願い

この本をお読みになって、どんな感想をお持ちでしょうか。祥伝社のホームページから書評をお送りいただけたら、ありがたく存じます。今後の企画の参考にさせていただきます。また、次ページの原稿用紙を切り取り、左記まで郵送していただいても結構です。

お寄せいただいた書評は、ご了解のうえ新聞・雑誌などを通じて紹介させていただくこともあります。採用の場合は、特製図書カードを差しあげます。

なお、ご記入いただいたお名前、ご住所、ご連絡先等は、書評紹介の事前了解、謝礼のお届け以外の目的で利用することはありません。また、それらの情報を6カ月を超えて保管することもありません。

〒101―8701（お手紙は郵便番号だけで届きます）
祥伝社新書編集部
電話03（3265）2310
祥伝社ホームページ　http://www.shodensha.co.jp/bookreview/

★本書の購買動機（新聞名か雑誌名、あるいは○をつけてください）

＿＿＿＿新聞の広告を見て	＿＿＿＿誌の広告を見て	＿＿＿＿新聞の書評を見て	＿＿＿＿誌の書評を見て	書店で見かけて	知人のすすめで

★１００字書評……ヒトラーとケインズ

名前

住所

年齢

職業

武田知弘　たけだ・ともひろ

1967年生まれ。福岡県出身。西南学院大学経済学部中退。塾講師、出版社勤務などを経て2000年からライター活動を始める。歴史の裏側、経済の裏側などをテーマに執筆している。特にナチスについては、ライフワークとしている。主な著書に『ナチスの発明』『ワケありな国境』『戦前の日本』などがあり、『ヒトラーの経済政策』(祥伝社新書)は話題の書となった。

ヒトラーとケインズ

——いかに大恐慌を克服するか

武《たけ》田《だ》知弘《ともひろ》

2010年 6 月10日　初版第 1 刷発行

発行者……………竹内和芳
発行所……………祥伝社《しょうでんしゃ》
〒101-8701　東京都千代田区神田神保町3-6-5
電話　03(3265)2081(販売部)
電話　03(3265)2310(編集部)
電話　03(3265)3622(業務部)
ホームページ　http://www.shodensha.co.jp/

装丁者……………盛川和洋
印刷所……………萩原印刷
製本所……………ナショナル製本

Printed in Japan　ISBN978-4-396-11203-5　C0222

〈祥伝社新書〉
「資本主義」の正体がわかる1冊

063
1万円の世界地図
図解 日本の格差、世界の格差

1万円の価値は、国によって千差万別。「日本人は幸福か？」をデータで検証！

科学ジャーナリスト
佐藤 拓

066
世界金融経済の「支配者」
その七つの謎

金融資本主義のカラクリを解くカギは、やはり「証券化」だった！

経済ジャーナリスト
東《ひがし》谷《たに》 暁《さとし》

086
雨宮処《か》凛《りん》の「オールニートニッポン」

若者たちは、なぜこんなに貧しいのか？――歪《ゆが》んだ労働現場を糾弾する！

作家
雨宮処《か》凛《りん》

超訳『資本論』
全三巻

貧困も、バブルも、恐慌も――、マルクスは「資本論」の中に書いていた！

神奈川大学教授
的場昭弘

122
小林多喜二名作集「近代日本の貧困」

『蟹工船』だけじゃない。さらに熱く、パワフルな多喜二の世界を体験せよ！

〈祥伝社新書〉

好調近刊書——ユニークな視点で斬る！——

149
台湾に生きている「日本」
建造物、橋、碑、お召し列車……。台湾人は日本統治時代の遺産を大切に保存していた！

旅行作家 片倉佳史

151
ヒトラーの経済政策 世界恐慌からの奇跡的な復興
有給休暇、ガン検診、禁煙運動、食の安全、公務員の天下り禁止……

フリーライター 武田知弘

159
都市伝説の正体 こんな話を聞いたことはありませんか
死体洗いのバイト、試着室で消えた花嫁……あの伝説はどこから来たのか？

都市伝説研究家 宇《う》佐《さ》和《わ》通《つう》

160
国道の謎
本州最北端に途中が階段という国道あり……全国一〇本の謎を追う！

国道愛好家 松波成行

161
《ヴィジュアル版》江戸城を歩く
都心に残る歴史を歩くカラーガイド。1～2時間が目安の全12コース！

歴史研究家 黒田涼